흔들리는 마흔,
붙잡아주는 화두

흔들리는 마흔, 붙잡아주는 화두

ⓒ 2015, 이지형

초판 1쇄 인쇄 2015년 6월 19일
초판 1쇄 발행 2015년 6월 26일

지은이 이지형
펴낸이 유정연

책임편집 최창욱
기획편집 김세원 김소영 장지연 **전자책** 이정 **디자인** 신묘정 이승은
마케팅 이유섭 최현준 **제작** 임정호 **경영지원** 박승남

펴낸곳 흐름출판 **출판등록** 제313-2003-199호(2003년 5월 28일)
주소 서울시 마포구 홍익로5길 59 남성빌딩 2층
전화 (02)325-4944 **팩스** (02)325-4945 **이메일** book@hbooks.co.kr
홈페이지 http://www.nwmedia.co.kr **블로그** blog.naver.com/nextwave7
출력·인쇄·제본 (주)현문 **용지** 월드페이퍼(주) **후가공** (주)이지앤비(특허 제10-1081185호)

ISBN 978-89-6596-159-8 03320

이 도서의 국립중앙도서관 출판시도서목록(CIP)은 e-CIP홈페이지(http://www.nl.go.kr/ecip)와 국가자료공동목록시스템
(http://www.nl.go.kr/kolisnet)에서 이용하실 수 있습니다. (CIP제어번호 : CIP2015015824)

살아가는 힘이 되는 책 흐름출판은 막히지 않고 두루 소통하는 삶의 이치를 책 속에 담겠습니다.

흔들리는
마흔,

붙잡아주는
화두 話頭

이지형 지음

흐름출판

말로 하지 않고도

삶의 참뜻 가르쳐준 분들 계시다.

아버지·어머니가 평생 내보이신 꽃을,

보고도 웃지 못했다.

이제야 활짝 웃는다.

아, 도처에 염화拈華, 그리고 미소微笑!

이 모진 세상,
흔들리지 않고 건너가기 위해

20년 사회생활을 하는 동안, 직장을 대여섯 번 옮겼다. 옮길 때마다 일상의 평화를 찾아보겠다는 명분을 가슴에 품었다. 어림없는 일이었다. 옮길 때마다 피폐해졌다. 상황을 바꿔, 내면의 평화를 찾겠다는 시도는 번번이 꺾이고 말았다. 통과의례처럼 겪었던 면접들을 떠올리면 코웃음이 난다.

"늦기 전에 제가 하고 싶은 일을 해야지요."

"저에게 주어진 마지막 기회라고 생각합니다."

거짓은 아니었다. 그래봐야 일종의 자기 최면이었다. 행여 내가 하고 싶은 일을 찾아, 그 일에 승부수를 걸었더라도 평화는 없었을 것이다. 장소가 달라지고 환경이 변한다고 안식이 찾아

오진 않는다.

그렇게 20대를 지내고 30대를 마감한 뒤 마흔마저 훌쩍 넘기고 보니 사는 게 참 무망하다. 그동안 맺은 적지 않은 인연들이 뜬구름 같이 느껴진다. 어쩌면 엉킨 실타래 같기도 하다. 그 안에 묶여, 커 가는 아이들을 바라보고, 연로하신 부모님을 떠올리고, 나와 아내의 노후를 생각하기란 참으로 답답하고 무력했다. 걱정은 늘고, 자신감은 줄었다. 일상의 흐름이 조금만 바뀌어도 휘청거리는 마음……. 나는 어떻게 하다 여기까지 왔는가.

나아갈 수도 물러설 수도 없다. 물러서자니 어깨에 진 책임이 등을 떠밀고, 확 나아가자니 넘어지고 잘못될까봐 두렵다. 어찌해야 하나. 답답한 상황을 깨뜨리고 뛰어나가고 싶지만 눈앞은 철벽이다. 내 뜻대로 움직였다가는 가족의 생계가 흐트러진다. 자초한 고해苦海, 그 거친 세상의 바다를 어떻게 건널 것인가. 건널 수 있을 것인가.

그러는 사이 마흔, 불혹不惑이 망상임을 깨닫는 나이다. 잃어버린 것들에 대한 아쉬움에 휩싸여(과거), 불확실한 전망을 두려워하고(미래), 발 디딜 곳 마땅찮은 처지를 한탄하며(현재) 흔들린다. 나이 들었다고 삶이 저절로 힘들 리 없다. 미세한 삶의 떨림을 위태롭게 느낄 만큼 예민해졌다는 뜻일 게다. 앞으로도 계속 흔들릴 것인가. 흔들림 앞에서 속수무책일 수밖에 없는가.

며칠 전 거실의 책장을 들여다봤다. 없는 게 없다. 교양과 지식과 자기계발과 철학이 어지럽게 즐비하다. 20대에는 교양과 지식, 30대에는 자기계발, 40대 들어선 철학(이래봐야 개론서)에 기댔다. 고금의 수많은 격언들을 마음에 새기고 또 새겼다.

헛수고였음이 틀림없다. 그렇게 많은 사상과 지식과 처세의 기술을 흡수한 뒤라면, 그렇게 영양가 있는 말을 대량으로 섭취한 뒤라면 어떤 흔들림도 없어야 옳다. 그러나 흔들림이 멈춘 적은 없다. 잘못 돼도 크게 잘못 됐다. 차라리, 너무 많은 장치들이 문제였던 걸까.

그렇게 여전히 흔들리던 어느 시절, 젊을 적 읽은 시구 하나가 불현듯 떠올랐다.

만 권의 책을 다 읽고 자기 개수작까지 한마디 더 까야 직성이 풀리는 천재 따위는 꿈꾸지 말아라. 인생은 목숨을 걸고 까부셔야 할 가장 중심된 과녁 딱 하나만 깨우치면 되는기라. 그것을 깨우치는 덴 만 권의 책이 아니라 돌팔매질이 제일이라. 허공 속에서도 과녁을 헤아리는 돌팔매질만 익히거라.

뒤통수를 호되게 얻어맞은 느낌이었다. 만 권의 책 읽을 생각 말라니, 돌팔매질이나 익히라니, 중심 과녁 딱 하나만 깨우치면 된다니……. 백기완 선생의 〈아버지 교훈〉이란 시는 그간의 잘못된 시도를 후련하게 깨우쳐주었다.

만 권(까진 안 되겠고 백여 권)의 자기계발서와 교양서와 철학서와 역사책을 읽은 게 잘못이었다. 그 많은 말들에 휘둘렸으니 흔들린 게 당연했다. 그 모든 걸 버려야 했다. 어둠 속에서 휘두를 돌팔매질을 익혀야 했다. 돌팔매로 깨부술 그 과녁 하나를 찾아야 했다.

그렇게 과녁 딱 하나만 두고 어둠 속에서 돌팔매를 휘두르던 사람들이 있다. 바로 선사禪師들이다. 산 속에서 두문불출하던 선禪의 스승들…. 십 년을, 때론 인생 전체를 과녁 하나 깨는 데 전념하던 이들이다. 그들이 깨려던 과녁이 바로 화두話頭다.

선사들이 일군 선은 불교의 한 종파다. 그런데 좀 희한한 분파다.

불교는 방대한 '말'의 종교다. 붓다는 깨달은 뒤 수십 년에 걸쳐 설법을 했다. 제자들은 여시아문如是我聞, "나는 이렇게 들었다"를 연발하며 붓다의 말을 기록해 나갔다. 팔만의 법문法文이다. 삶의 고민을 타파했던 붓다의 노하우가 그 안에 무궁무진 펼쳐졌다. 그 가르침을 사람들은 '교敎'라 했다.

그런데 붓다가 죽고 한 천 년 지나 그 말들이 쓸모없다고 주장하는 무리들이 중국에 나타났다. 메시지는 메시지일 뿐이란 얘기였다. 작심한 듯, 그들은 선언했다.

"진짜 중요한 것은 말로써는 전해지지 않는다. 직접 체험해야 한다. 말을 버려라."

그들은 붓다가 연꽃 한 송이를 대중에게 내보이는(염화시중拈華示衆) 방법으로 마음을 전했던 일을 상기시켰다. 그 짧은 순간이 팔만의 법문보다 깨달음의 본질을 구현한다고 주장했다. 말에 의존하는 대신 그 말을 깨뜨려야 삶의 평안을 얻을 수 있다고 역설했다. 이 방법을 사람들은 '선禪'이라 했다.

경전을 버리고 나니 남은 것은 스승과 제자들이 벌였던 대화의 기록뿐이다. 그 기록이 선문답禪問答이요, 선문답들의 키워드가 화두다. 선의 선구자들은 붓다의 말이 사라진 망망대해를 그렇게 화두 하나씩 붙잡고 건너갔다. 과거와 단절하고, 낡은 프레임을 걷어차고, 허위의식을 벗고, 물러나 쉬었다가, 담대하게 치고 나갔다. 번잡한 것을 단순하게 만들고, 괜한 이론을 걷어차고, 홀연히 떠났다가, 명명백백한 일상으로 복귀했다. 그 화두를 붙잡는다면, 우리도 우리의 고해를 헤쳐나갈 수 있지 않을까.

우리는 삶에 지쳤다. 지금까지 의지해 왔던 수많은 인연, 그 인연을 통해 얻은 수많은 관념(자기계발·교양·지식·철학의 메시지)은 더 이상 나를 이끌어주지 못한다. 그 인연과 관념의 실타래를 벗어던지고 새롭게 출발하고 싶다. 그러려면 강력하고도 굳건한 것이 필요하다. 내가 흔들릴 때 단단히 붙잡아 나를 지탱해줄 수 있는 그것, 바로 화두!

욕먹을 일인 줄 안다. 깨달음의 방편, 그 숭고한 화두를 진흙탕 같은 속세로 끌고 내려오다니……. 그러나 진기한 고려청자라고 장롱 속에 꽁꽁 묻어두기만 할 것인가. 꺼내어 된장 고추장이라도 담아두고 활용하는 게 백 배 낫지 않은가.

그렇게 필요할 때마다 화두를 꺼내 일용할 양식으로 쓰곤 한다. 자잘한 곁가지에 신경 쓰느라 머릿속이 어지러울 때는 진리의 거처로 '부엌'을 외치던 선사를 떠올린다. 요리하고 밥 먹고 설거지하는 일상에 깨달음이 있다는 말이다. 지겹게 반복하는 일상사가 삶에서 소중한 순간들의 집합임을 문득 깨닫는다. 눈 내리는 겨울에 창 밖 풍경을 보면서 '눈'에 관한 화두를 떠올린다.

"좋구나, 송이송이 내리는 흰 눈! 저마다 제자리를 찾아가누나."

눈송이는 무질서하게 떨어지는 것 같지만 땅에 닿을 때쯤엔 자기 자리를 찾는다. 잠시 눈을 감고 화두를 곱씹으면 '바로 지금 이곳이 내 자리다' '지금은 아닐지 몰라도 결국 내 자리를 찾게 될 것이다'라는 생각에 마음이 가라앉는다.

 과녁 하나 찾는 일은 곁가지 쳐내는 일과 같다. 일상의 자질
구레한 일들이 시야를 가린다. 마흔이 버거운 이유는 핵심을 짚
어내지 못하고 곁가지의 흔들림에만 관심이 쏠리기 때문인지도
모른다. 다 쳐내고 굵은 나무둥치를 드러내면 과녁은 또렷이 보
일 터다.
 선에 관한 이 자그마한 해설서를, 모진 세상 헤쳐나가는 방편
의 모음으로 봐주셨으면 한다. 1,000년 전 선사들이 의지했던
화두들을 새롭게 분류하고 요즘 입맛에 맞게 풀이한 이유다. 거
칠게 흔들리는 삶의 바다로 다시 나아가자. 다른 곁가지 모두
쳐내고, 정말로 화두 딱 하나씩만 틀어쥔 채 다시 시작해보자.

2015년 초여름에
이지형

현실이란 게 그렇다.

언제나, 누구에게나 꽉 막힌 상황이 수시로 돌출하는데,

그것은 대개 주어진 상황을

무조건적이고 절대적인 것으로 받아들이기 때문이다.

그러나 절대적인 상황은 없다.

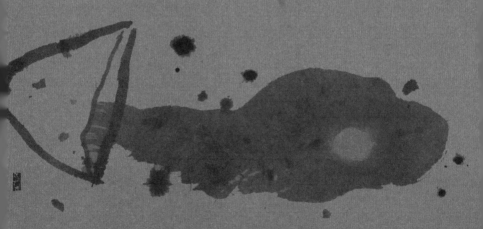

1장
프레임 깨기

틀을 걷어차야 답이 나온다

'코끼리는 생각하지마Don't think of an elephant'란 기묘한 카피를 들어본 적 있는가? 10여 년 전 미국에서 나온 책 제목이다. 코끼리가 뭐냐고? 코끼리는 미국에서 공화당의 상징이다. 감 잡으셨을 것이다. 이 책은 진보세력의 집권 플랜과 선거 전략을 담고 있다.

코끼리는 생각하지마?

이 질문을 본 사람들은 어떤 생각을 할까? 코끼리 생각을 한다. 코끼리 생각을 하지 말라고 하면 모두 코끼리 생각만 한다. 머릿속에서 코끼리를 지우려면 코끼리에 대한 얘기 자체를 꺼내지 말아야 한다. 코끼리에 의해 선점된 프레임을 부수는 게 급선무다. 공화당을 이기려면 공화당 얘기를 자꾸 꺼내지 말라는 메시지다. 공화당에 사로잡힌 상태로 어찌 공화당을 이기는가? 선거 얘기는 논지를 벗어나니 여기까지만! 중요한 것은 주어진 문제에 머물러선 그 문제를 풀 수 없다는 것이다.

세상은 풀기 어려운 문제로 가득하다. 이것을 취하면 저것을 잃고, 저것을 취하면 이것을 잃는다. 이것과 저것을 한꺼번에 잃기도 한다. 그러나 주어진 문제 안에 갇힌 채 고심해선 해결책이 나오지 않는다. 일상적인 문제야, 그 문제 안에 머물면서도 얼마든지 해답을 구할 수 있다. 상식으로 풀 수 없는 난제의 경우 그런 식으론 답이 안 나온다.

그럼 어떻게 하나? 문제를 걷어차라! 판을 깨고 프레임을 바꿔라! 그 문제가 품고 있는 프레임을 집어던지는 순간, 문제 자체를 깡그리 잊는 순간 해답이 돌출한다.

화두를 깨는 것은 난제 중에서도 고난도 난제다. 틀 자체를 걷어차지 않으면, 내내 틀에 얽매이기만 한다. 선사들은 화두를 깨기 위해 주어진 프레임부터 깼다. 판을 뒤엎었다.

과격하고 호탕하고 유쾌하게 판을 걷어차는 데 능숙했던 선사들의 웅혼한 기상을 감상해보라! 지금 내가 남들이 깔아놓은 판 안에서 꼭두각시로 움직이고 있는 것은 아닌지 점검도 해보면서.

마음속에서 끌어내 깨뜨려야 할 것들

단하가 행각 중 낙양 혜림사에 들렀다. 대접이 시원찮았다.

제대로 된 공양은 고사하고 한겨울에 냉방 신세를 져야 했

다. 절에는 영험하다는 목불木佛이 하나 있었다. 야밤, 단하

는 조용히 방을 빠져나와 본당에 안치된 목불을 끌어내 불을

지폈다. 원주 스님이 사색이 되어 튀어나왔다.

"아, 아니. 이게 무슨 일이오? 감히 불상을 태우다니!"

"놀라시기는……. 부처님을 태워 사리를 얻으려는 것뿐이

오."

"목불에 무슨 놈의 사리가 있단 말이오!"

단하가 태연하게 응대했다.

"사리도 없는 나무 덩어리를 땔감으로 쓰는데 왜 호들갑을

떠는 게요?"

짧은 화두에 선의 갖가지 특징이 농축되어 있다. 틀에 얽매이

지 않는 활달함, 경전보다 일상의 대화에서 깨달음을 얻으려는

구도求道의 방식, 권위로부터의 일탈, 일상의 논리를 깨면서 동

시에 넘어서기도 하는 촌철살인寸鐵殺人…….

행각行脚은 선승들이 진리를 찾아 산과 절을 정처 없이 떠도

는 일이다. 선승들이라면 누구나 그런 떠돌이 시절을 겪게 마련이어서, 절집들은 예우를 갖춰 그들을 대접한다. 단하丹霞 천연天然(739~824)도 그렇게 행각 중이었는데, 매서운 겨울 추위를 나기 위해 들른 절의 분위기가 영 볼썽사납다. 헐벗고 배고픈 선승에게 제대로 된 잠자리 하나 제공하지 않았으니.

단하는 파격으로 응수했다. 절의 중들이 보물처럼 여기는, 오래된 목불을 거침없이 끌어내 도끼로 패고는 장작으로 쓴 것이다. 목불로 불을 활활 피어 올렸다. 우상에 사로잡혀 있던 대형 사찰의 분위기는 무참하게 난도질당했다.

젊은 행각승의 갑작스러운 도발은 절을 충격에 빠뜨렸다. 원주院主는 절집 살림살이의 책임자다. 상상하기 어려운 '사건'을 목도하고 패닉에 빠져서는 맨발로 튀어나올 수밖에 없다. 그들에게 단하는, 산중을 떠도는 건달에 무뢰한이었을 것이다. 원주의 바로 뒤로는 떠돌이 승려에게 뜨거운 맛을 보여주려는 성난 스님들이 제각각 몽둥이 하나씩은 들고 도열해 있었으리라. 그러나 단하는 딱 한 마디로 그들을 제압한다.

"영험하다는 목불의 사리를 한번 확인해보자는 것뿐이거늘……."

절집을 감싸고 있던 허위의식 일체가 박살나는 순간이다. 혜림사 승려들의 머릿속에 똬리 틀고 있던 고정관념, 즉 팔만의 장경을 열심히 읽고, 아미타와 관세음을 쉴 새 없이 연호하고, 대웅전의 부처님을 조아려 섬기면 깨달음을 얻으리라는 생각이 순간, 희대의 거짓말이 된다.

자, 단하가 산하를 떠돌던 1,200년 전 당唐의 일은 그 정도로 두고, 요즘 이곳 얘기를 좀 해보자.

절집 승려들이 애지중지하던 목불 같은 허위와 고정관념이 우리에게는 없는가? 실체도 없으면서 우리를 스트레스와 고뇌로 몰아넣는 잡념들 말이다.

우리가 가슴에 품고 있는 삶의 기준은 무엇인가? 우리가 무조건적으로 추구하며, 죽을힘을 다해 찾고 있는 것들은 무엇인가? 혹시 가족의 행복을 택했는가? 건강한 노후를 선택했는가? 그것도 아니면 무사한 일상을 택했는가?

모두 좋다. 그러나 행복과 건강과 무사를 견인해줄 거의 유일한 수단으로 우리는 언제나 돈이나 권력, 출세를 꼽고 있는 것은 아닌가.

우리의 마음은 어쩌면 무형의 대웅전일 것이다. 그곳에 조바심으로 안치해놓은 목불이 혹시 돈이나 명예나 권력에 대한 욕심 따위는 아닌가? 그렇다면 지금 당장, 내 마음속의 목불을 부수어야 한다. 그런 조건들이 우리의 행복과 건강과 무사한 일상의 필요충분조건인 경우는 없기 때문이다.

주위의 사람들을 찬찬히 둘러보고, 깊이 자문해보라. 과연 몇몇의 세속적 조건이 진정한 삶을 위한 필수불가결의 전제인지…….

목불 안에 감추어진 사리 따위는 없다. 돈·명예·권력의 내부에 행복과 건강·안락의 비밀 같은 것은 담겨져 있지 않다. 죄다 사리 없이 허울뿐인 목불들이다. 그러니 끌어내 태워라! 근거 없는 일상의 허위의식, 그 목불들과 결별하라.

나무에 이빨로 매달렸을 때 벗어나는 법

향엄이 대중에게 물었다.

"세상사란 이빨로 나무에 매달린 사람의 형편이라 할 수 있다. 그의 손에는 의지할 나뭇가지 하나 없고, 발밑에도 디딜 만한 밑동 하나 없다. 그런 상황에서 나무 아래 서 있는 사람이 갑자기 '달마가 서쪽에서 오신 뜻이 뭐냐?'고 묻는다 하자. 대답을 안 하자니 기회를 놓치겠고, 하자니 떨어져 목숨을 잃게 생겼다. 어떻게 하겠는가?"

대중의 침묵이 꽤 길어졌을 무렵, 문득 한 제자가 나섰다.

"나무 위에 있는 사람에 관해서는 잠시 묻지 마시고, 그 사

람이 나무에 기어오르기 전에 어떠했는지 이야기해주시겠습
니까?"

향엄은 크게 웃음을 터뜨렸다.

진퇴양난進退兩難이 따로 없다. 입을 열자니 다치겠고, 다물자
니 아쉽다. 섣불리 어느 한쪽을 선택하기 쉽지 않다. 그런데 찬
찬히 생각해보자. 이런 상황은 대단히 특별한 것인가? 일상다반
사日常茶飯事다.

직장에서, 거리에서, 집에서 우리는 늘 진퇴양난에 빠진다. 연
봉을 취하자니 삶의 여유가 사라지고, 가정을 취하자니 회사 내
부의 반격이 시작된다. 이건 정말 간단한 문제가 아니다. 잠시
주위를 둘러보라! 이런 고민에 처한 지인들이 수두룩하다. 돈도
많이 벌고 싶지만, 가족과의 안락도 누리고 싶다. 그 사이에서
우왕좌왕하다가 살 길이 막막해지기도 한다. 이 극심한 경쟁의
사회는 방심하는 순간, 지뢰밭이 된다.

희소성과 기회비용은 경제학 교과서에만 있지 않다. 삶은 끊
임없이 선택을 요구하고, 모든 선택은 절박하다. 삶은 누구에게
나 언제나, 간단치 않다. 주어진 화두를 그런 절박한 상황의 상
징으로 독해하는 데 큰 무리가 없다.

이빨 하나로 나뭇가지에 매달려 있는 참이다. 지엄한 분이 오

셔서 생사의 참뜻을 묻는다. 오랫동안 나뭇가지에 매달려 고생하는 동안 나름의 공부가 있어 하고 싶은 말은 많은데, 몇 마디만으로도 그분에게 인가를 받을 수 있는데…… 그러나 참으로 난처하다. 입을 벙긋하면 추락할 판이니.

수행 중인 대중을 난처하게 만든 향엄香嚴 지한智閑(?~898)은 그 자신이 순조롭지 못한 수행의 길을 걸었다. 어린 나이에 백장百丈 회해懷海(720~814)의 문하로 출가했지만, 얼마 지나지 않아 크게 의지하던 백장이 입적하고 말았다.

이후 여러 스승을 찾아다녔지만, 성과가 없었다. 이름 난 선사들에게 번번이 퇴짜를 맞았다. 수행자의 길을 계속 걸을 것인가, 그만 하산할 것인가? 지루한 진퇴양난의 시절이 이어진다. 그런데 그 막막하던 시절은, 전혀 생각지 못했던 일격으로 끝이 난다.

향엄이 어느 후미진 곳에 암자를 짓고 울분을 삭이며 수행하던 어느 날. 산 속에서 풀을 베는데 낫에 흙이 헤집어지며 돌이 튀었다. 그 돌이 대나무에 부딪치면서 소리를 냈다.

따악!

그 소리에 향엄은 크게 깨달았다. 자신을 사로잡고 있던 오랜 고민에 대한 해답은, 그 고민과는 전혀 무관한 곳에서 튀어나왔다. 나는 깨달을 수 있는가, 그저 범부凡夫일 뿐인가? 산에 남아야 하는가, 하산해야 하는가? 줄기차게 자신을 괴롭히던 고민들이 갑작스러운 '딱!' 소리에 사라져버렸다.

일상에서 생기는 자잘한 문제들에 대한 해답은 일상적인 논리로서 구해진다. 그러나 일상 자체와 관계된 문제는 비일상적인 방식으로 구해진다. 일상에 대한 관심을 넘어서고, 폐기할 때만 얻어진다. 그게 젊은 시절, 향엄의 경험이었다. 넋 놓고 있던 순간에, 정신의 한 경지를 얻었다.

세월이 흘렀다. 이제 향엄이 자신의 제자들에게 진퇴양난의 상황을 제시한다. 말을 하면 목숨을 잃고, 침묵하면 평생 식물인간이 되는 상황이다. 이 기묘한 상황 앞에서 대중은 어찌할 바를 모른다. 그때 한 제자의 낭랑한 목소리가 터져나온다.

"차라리 그 사람이 나무에 기어오르기 전 상황에 대해서나 얘기 하시지요!"

화두에 몰입하는 것만으론 화두를 깨지 못한다. 화두 자체를 새로운 맥락에 옮겨 문제로 삼을 필요가 있다. 누군가 제시한 프레임의 내부에 갇힌 채 새로운 경지를 기대하기는 힘들다. 나뭇가지 위의 진퇴양난에 집착하는 대신, 그 진퇴양난의 전후 사정을 살펴보는 것이다. 그때 향엄이 제시한 진퇴양난의 상황은 허구가 되고 만다. 향엄이 웃음을 터뜨린 이유다.

현실이란 게 그렇다. 언제나, 누구에게나 꽉 막힌 상황이 수시로 돌출하는데, 그것은 대개 주어진 상황을 무조건적이고 절대적인 것으로 받아들이기 때문이다. 그러나 절대적인 상황은 없다. 나뭇가지를 물고 있는 입을 떼고도 추락하지 않을 방법이 생기게 마련이고, 나뭇가지를 계속 물고 있으면서도 의사 전달할 방법은 생기게 마련이다.

진퇴양난은 실재하는 난관이 아니라, 내 머릿속에 들어앉은 허상인 경우가 대부분이다. 구도를 다시 짜면, 여러 개의 활로들이 홀연히 등장한다.

판을 엎으면 새로운 세계가 열린다

보름달 밝게 뜬 어느 밤, 암두가 친구인 설봉, 흠산과 얘기를 나누고 있다. 암두가 맑은 물이 담긴 그릇을 기습적으로 가리키더니 동료들의 반응을 구한다. 흠산이 나선다.

"물이 맑으면 달이 나타나게 마련이지!"

설봉이 뒤따른다.

"물이 맑으면 달이 사라지지!"

암두는 아무 말 없이 일어나더니 물그릇을 발로 걸어차고 나가버렸다.

선승 세 사람이 등장하는 화두가 여럿이다. '세 사람이 함께 가면 그 중에 반드시 스승 될 사람이 있다三人行 必有我師(삼인행 필유아사)'라는 공자 말씀 따르자고 그런 건 아니다. 양변兩邊의 타파, 그러니까 긍정·부정, 이쪽·저쪽, 현상·본질의 이분법을 깨려는 것이다. 두 사람이 각각 양 극단을 말하고, 남은 한 사람이 예상치 못한 대안을 제시하는 식이다. 공안에서 세 사람이 등장하면 대개 그런 의도로 보면 된다.

암두巖頭 전할全豁(828~887)이 물이 담긴 그릇을 갑작스럽게 가리키면서 법거량法擧揚을 시작했다. 선객禪客들이 티격태격, 서로의 수준을 가늠하며 주고받는 선문답이 법거량이다.

먼저 흠산欽山 문수文邃(생몰 미상). 긍정적이라 해야 하나, 아니면 현상에 충실하다고 해야 하나? 그는 그릇에 담긴 물에서 달을 볼 생각을 한다. 물이 맑으니 밝은 달이 그리로 나타나리라는 것이다.

설봉雪峰 의존義存(822~908)은 반대쪽에 선다. 정말 순수하게 맑은 물이라면, 그곳에는 아무것도 있을 수 없다. 본질적인 순수함 속에선 어떤 잡티도 자리하지 못한다. 달이고 뭐고 다 사라지고 만다.

두 사람을 통해 한 사물을 바라보는 두 가지 극단의 시각이 제시됐다. 긍정과 부정, 이쪽과 저쪽, 현상과 본질이다.

판을 깔아놓은 암두는 두 동료를 보며 무슨 생각을 했을까? 행동으로 확인할 수 있다. 암두는 동료들의 말을 듣고 난 뒤, 홀연히 자리를 박차고 일어나 뚜벅뚜벅 걸어간다. 그러고는 물그릇을 확 차버린다. 판을 깔더니 그 판을 스스로 깨버린 것이다. '꼭 달이 나타나거나 사라져야만 하느냐?'라는 뜻일 게다.

옛날 지중해 권역을 광범위하게 장악했던 알렉산드로스의 에피소드를 떠올리게 된다. 바로 '고르디우스의 매듭'에 관한 일화다. 알렉산드로스가, 요즘으로 치면 터키 지역에 해당할 소아시아의 고르디움이란 도시를 지나다가 그곳의 전차를 복잡하게 얽어매고 있는 매듭과 맞닥뜨리게 된다. 누구도 풀지 못했다는 매듭, 세계를 정복할 영웅만이 풀 수 있다는 매듭이었다.

알렉산드로스는 그 매듭을 잠시 쳐다본다. 희대의 이 영웅은 이 매듭을 풀어낼 수 있을까? 세계 정복의 주인공은 알렉산드로스 자신이 맞는 걸까? 고민은 길지 않았다. 알렉산드로스는 망설임 없이 칼을 꺼내 들더니 그 매듭을 단칼에 끊어버린다. 동양식으로 말하면 쾌도난마快刀亂麻에 해당하는 일화다.

누구나 위기 또는 고착의 상황에 맞닥뜨리게 된다. 그런데 그 상황에 매몰되어서는 그 상황을 타개할 방책을 찾기 어려운 경우가 대부분이다. 판을 깨야 새로운 세계가 보이고 해결책이 보인다. 미국 대륙을 발견한 콜럼버스가 계란을 세워보라는 주문에 그 계란을 책상에 깨면서 주저앉힌 것처럼, 알렉산드로스가 복잡한 매듭을 단칼에 잘라낸 것처럼 그렇게, 만들어져 있는 판을 깰 때에만 새로운 눈이 열린다. 요즘 말로 하면 프레임을 바꾸는 일이기도 하겠다.

암두가 행한 일은 그렇게 프레임을 바꾸고 틀을 깬 일로 보면 된다. 판을 깸으로써 그는 새로운 세계로 진입하고자 했다. 무릇 차원 높은 경지로의 진입과 실체 있는 변화를 원한다면 방법은 하나다. 판 전체를 읽고, 그 이해를 발판 삼아 곧바로 그 판을 엎어버리는 것이다. 물그릇에 달이 있는지 없는지, 나타날지 사라질지 애써 연구하는 대신 그 물그릇을 발로 차 엎어야 새로운 길이 뚫린다.

절실함은 반드시 방법을 찾는다

혜능이 말했다.
"깨달음에 나무 없고
거울 또한 틀이 아닐세,
본래 한 물건도 없나니
어느 곳에 티끌 일어나리오."

선의 기원으로서 달마의 중요성이야 새삼 강조할 필요가 없지만, 어쨌든 그는 전설과 신화 속의 인물이다. 역사적인 맥락에서라면 선의 창시자는 물론 첫 번째 조사初祖(초조)인 달마가 아니라 여섯 번째 조사六祖(육조) 혜능慧能(638~713)이다. 그리고 텍스트의 측면에서 혜능 사상의 면모가 거의 처음, 단적으로 드러나는 것이 인용된 게송偈頌(부처의 공덕이나 가르침을 찬탄하는 노래)이다. 몇 줄 안 되지만 대단히 혁명적인 발상을 담은 선언에 해당하는데, 이 게송은 참으로 우여곡절 끝에야 나올 수 있었다. 그 사연은 대략 저 게송이 나오기 1년 전쯤 시작된다.

혜능의 고향은 광둥성이다. 그러니까 지금으로 치면 홍콩이 붙어 있고, 동남아시아와 바로 인접하기도 한 중국의 남단이다. 그때쯤 이곳은 황하 이북, 중국의 본토 사람들이 보기에 오랑캐들이나 사는 곳이었다. 혜능도 당연히 오랑캐 중의 한 명이었는데, 하는 일도 대단치 않았다. 땔감용 나무를 해다가 시장에 팔아 하루하루 근근이 버텼다.

그러던 어느 날 혜능은 누군가 《금강경金剛經》 읊조리는 소리를 듣고 심상치 않은 느낌에 빠진다. 그리고 그 길로 북쪽으로 치고 올라가 달마 이래 다섯 번째 조사 홍인弘忍(601~674)을 만나는 것이다. 만나긴 했으나 들려오는 말은 참으로 난감하다.

"멀리 남쪽에서 온 오랑캐로군. 붓다가 될 수 있겠나?"

물러서지 않는다.

"사람에게라면 몰라도 불성佛性에 남과 북이 있겠습니까? 오랑캐의 몸과 스님의 몸이 같지 않을 순 있지만 불성에 차별을 두시다니요?"

이 정도면 대단한 결기다. 홍인도 이 젊은이가 예사롭지 않다는 사실을 알아차렸다.

"근성이 너무 날카롭구나. 입을 다물고 있으라!"

이어 혜능을 절 뒷마당 구석 방앗간에 보내 일을 시키는데, 8개월쯤 지나 일이 생긴다. 달마로부터 내려온 법통을 후학에게 넘길 때가 됐다고 판단한 홍인이 제자들에게 게송을 통해 각자의 경지를 내보이도록 지시한 것이다.

절에 있는 모든 이들이 맏제자인 신수神秀(?~706)가 법통을 이을 것을 전혀 의심하지 않았다. 벽에 내걸린 신수의 게송에 모두 고개를 끄덕였다.

몸은 보리수요,

마음은 맑은 거울.

부지런히 털고 닦아

때 묻지 않도록 하라.

그러나 홍인이 보기에 신수가 무난하긴 하나, 조사의 법을 잇는 것은 무리였다. 어차피 사람의 일이니만큼 새로운 제자 혜능을 만난 뒤에 생각이 바뀐 것일 수도 물론 있다. 그러나 어찌할 것인가? 일자무식 혜능이 자신의 게송을 벽에 내걸 것도 아니니…….

그러나 얼마 지나지 않아 혜능의 게송이 떡하니 벽에 내걸린다. 그것도 신수의 게송을 직접 겨냥한 패러디parody의 형태로.

몸은 보리수菩提樹, 즉 '깨달음의 나무'라는 신수의 말을, 혜능은 깨달음과 나무가 무슨 관계가 있느냐고 받아쳤다. 신수는 또 마음을 맑은 거울로 여기고 깨끗이 닦으라고 했다. 그러나 혜능은 마음 같은 것은 원래 있지도 않은데 그곳에 무슨 티끌이 앉겠느냐고 비꼰 것이다.

그런데 문자를 모르는 혜능은 어떻게 자신의 게송을 써 붙였을까? 아니 그 전에 어떻게 신수의 게송을 읽어냈을까?

다른 방법이 있을 리 없다. 절에 있던 누군가에게 핀잔 들어가며 신수의 시를 읽어 달라 부탁했고, 더 큰 핀잔 들어가며 자신이 읊는 게송을 대신 써서 벽에 붙여달라고 사정했던 것이다.

불교의 흐름을 새롭게 틀어놓은 혜능의 네 줄짜리 혁명적 선언은 그렇게 나왔다.

혜능의 종교적 천재성이나, 세상사에 대한 통찰력 같은 것은 굳이 얘기하지 않아도 좋으리라. 다만, 사람의 본성을 직접 보겠다는 일념만으로 험난한 여행을 떠나고, 글도 모르는 상태에서 사람들에게 이리저리 구박받고 졸라가며 게송을 올린 그의 절실한 바람에 대해서는 다시 한 번 생각할 만한 것 같다.

천재성이야 사람 맘대로 할 수 없는 것이지만, 그만큼의 절실함이 있으면 그래도 무언가 일궈내는 데 무리는 없을 것 같아서 하는 말이다. 꼭 해탈이나 열반으로의 진입은 아닐지라도.

틀을 깨는 질문은 아름답다

한 수행자가 조주에게 물었다.

"달마가 서쪽에서 온 까닭이 무엇입니까?"

조주가 답했다.

"뜰 앞의 잣나무!"

일반인의 눈으로 볼 때 선문답은 엉뚱하다. 특히 답변이 그렇다. 생뚱맞고, 지나치다 싶게 구체적일 때가 많다. 조주趙州 종심從諗(778~897)의 "뜰 앞의 잣나무!"란 답변만 그런 게 아니다. 불법佛法을 묻는 질문에 대한 답변 중에는 별의별 게 다 있다.

– 삼베 세 근!

– 부엌과 세 개의 문이니라.

– 남쪽 산에 구름이 끼니, 북쪽 산에 비가 내리네!

진리를 묻는 질문에 대한 답변은 당연히 추상적이고, 일반적이고, 개념적이어야 할 것 같다. 그래야 듣는 이들이 수긍하고 고개를 끄덕인다. 그러나 선사들의 답변은 들쭉날쭉, 아주 제각각으로 일상의 허드레 것들을 향하고 만다. 그렇다면 그런 답변들은 괜한 허세일까? 말장난에 수사修辭일 뿐일까?

그렇지 않다. "도가 일상에 편재한다"라는 믿음의 증언이요, 웅변이다. 잘라 말하건대, 진리는 구체적이다. 현실을 떠나는 순간, 진리는 사라진다. 적어도 선사들의 진리는 그렇다.

그런 의미에서 우리는 선문답의 '문問'에 좀더 주목해야 할 것 같다. 파격적인 질문이 없었다면, 아무렇지도 않게 본질을 꿰뚫는 답변도 없다. 질문이 무엇이었던가?

"달마가 서쪽에서 온 까닭이 무엇입니까?"

달마 하면 떠오르는 문장이다. '조사서래의祖師西來意'가 원문이다. 직역하면 '조사가 서쪽에서 온 뜻'이 될 것이다. 그러나 우리말로 정착된 "달마가 서쪽에서 온 까닭은?"이란 번역은 원문을 뛰어넘는 리듬과 서정성을 지닌다.

그건 그렇고, '달마가 서쪽에서 온 까닭은?' 즉, '조사서래의'를 백과사전에서 찾아보면 이런 풀이가 등장한다.

─ 불법의 이치가 무엇인지 묻는 말.

한 고승의 여행에 대해 묻는 "달마가 서쪽에서 온 까닭은?"이란 질문이, 세상에서 가장 추상적인 질문으로 활용되고 있는 것이다. "진리는 무엇인가?"라고 건조하게 묻는 대신, 선의 수행자들은 오랫동안 또 공공연히 "달마가 서쪽에서 온 까닭은?"이라 물어왔다. 이건 참 희한한 사태다.

많은 종교와 학문들이 저마다 진리를 찾는다. 각각의 방식으로 "진리는 무엇인가?"라고 묻는다. 그 질문들 가운데서 "달마가 서쪽에 온 까닭은?"이란 질문만큼 아름다운 질문을 본 적이 없다. 그리고 그렇게 독특한 질문 방식이 있었기에, 허를 찌르는 기상천외한 답변이 나올 수 있었을 것이다. 그러니까 "달마가 서쪽에서 온 까닭이 무엇?"이란 질문이 없었다면, 조주의 "뜰 앞의 잣나무!"란 답변도 존재할 수 없었다.

그렇게 나온 '뜰 앞의 잣나무'란 답변은 물론 이해하기 쉽지 않다. 조주의 참된 의도를 파악하기는 어려운 일이다. 그러니, 그 화두 하나 붙잡고 몇 개월, 몇 년을 궁구하는 이들이 넘쳐나는 것 아니겠는가. 그 뜻을 몇 마디로 잘라 설명하는 것은, 불가능한 동시에 부적절한 일이다.

그와 무관하게 "달마가 서쪽에서 온 까닭은?"이라는 시적詩的인 질문은 빛나고 또 빛난다. 그 질문이야말로, 뜰 앞에 덩그러니 서 있는 잣나무 한 그루에 온 우주의 비밀을 장착시켜 준 지렛대 아니겠는가?

'이사무애理事無碍'를 얘기한다. '자신을 쉽사리 드러내지 않는 본질 세계理와 언뜻 무질서하게 펼쳐진 현상 세계事 사이에 사실은 걸림이랄 게 없다無碍'라는 것이다. 선의 수행자들은 그렇게 추상과 구체가 서로를 관통하며 경계를 허무는 이사무애의 경지를 꿈꾼다.

그 이사무애로 가는 길에 "달마가 서쪽에서 온 까닭은?"이라는, 구체와 추상을 겸비한 시적 질문이 자리 잡고 있는 것은 아닌가?

세계를 보는 눈이 바뀌어야, 질문의 모양새가 바뀐다. 역逆도 성립한다. 질문의 방식이 달라지면 세계를 달리 보인다. 그래서 질문의 방식을 바꾸어보길 권한다. 구태의연하고 상투적인 관점에서 한 발 비껴나 보라. 쉬운 일이 아니지만, 그것만으로도 우리는, 지금까지와는 확연히 다른 어떤 것들을 이 세계로부터 얻어낼 수 있다.

어찌하지 못할 때 어찌하려면

법운이 제자들에게 물었다.

"너희가 한 걸음 나아가면 도를 잃고, 한 걸음 물러서면 물
건을 잃는다. 나아가지도 물러서지도 않는다면 돌처럼 무감
각해질 것이다. 어찌하겠느냐?"

제자들이 머뭇거리자 법운이 말했다.

"한 걸음 나아가면서, 동시에 한 걸음 물러서게!"

한 걸음 나아가면 도를 잃고, 한 걸음 물러서면 물건을 잃는
곳이 도대체 어디일까?

정신세계와 물질세계가 위태로운 균형으로 섞여 있는 지점일
것이다. 발전을 고집해 앞으로만 나아가려 하면 '정신줄'을 놓
게 되고, 뒤로 물러나 은거와 명상을 택하면 물질적인 측면에서
손해를 본다. 이곳이 도대체 어디인가?

멀리 둘러볼 필요 없다. 그냥 우리가 사는 현실이다. 우리가
매일매일 살아가는 일상이 그렇게 복잡하면서 신비하고 아슬
아슬한 곳이다. 그냥 정신만의 세계도 아니고, 물질만의 세계도
아니다. 정신과 물질이 묘하게 뒤섞이고 엉겨 예상치 못한 조합
들을 만들어내는 것이 우리 일상이다. 그런 예측 불가능성이 싫

어 나아가지도, 물러가지도 않고 그냥 있으면 그것도 문제다. 돌처럼 딱딱하게 굳어버린다는 것 아닌가.

운문雲門 문언文偃(?~949)의 후예로 남송 때 사람인 법운法雲 (1088~1158)은 우리의 일상을 군더더기 없이, 딱 떨어지게 만든 추상의 형태로 제자들에게 제시하고 기습적으로 물었다.

"어찌하겠느냐?"

고난도의 질문이다. 나아가기도 아쉽고, 물러서기도 꺼름칙하고, 그렇다고 그 자리에 가만히 있을 수도 없다. 누구나 돌로 살아가는 것은 싫은 법이니까. 이 난제를 어떻게 풀어야 하나? 풀기는 해야 하나?

절대 두루뭉술하게 넘어갈 수는 없다. 앞서 말한 대로, 그냥 수학문제 같은 게 아니라, 우리가 발 딛고 서 있는 일상의 상황이기 때문이다. 풀고 싶으면 풀고, 싫으면 말고 할 그런 성질의 문제가 아니다.

예상대로 제자들은 머뭇거린다. 법운이 결자해지結者解之 할 수밖에 없는 상황이다. 예상치 못한 답을 내놓는다.

"한 걸음 나아가면서, 동시에 한 걸음 물러서게!"

문제만큼 고난도의 답변이다. 그냥 있는 모습 그대로가 천국이면서 지옥인 일상에 관한 문답이니 그럴 수밖에 없다. 그러나 도대체 어떻게 하라는 지침인가? 한 걸음 나아가면서, 동시에 물러나라니……. 엉거주춤, 애매한 자세로 기묘한 춤이라도 춰야 할 판이다.

'한 걸음 나아가면서, 동시에 물러나기'에 대한 통상적 해설은, 양변의 탈피다. 긍정과 부정 어느 한쪽에 머물러서는 깨달음의 세계로 진입하기는 어렵다는 이야기다. 성과 속, 진실과 거짓, 흑과 백, 정신과 물질, 전진과 후퇴의 이분법적 논리에 사로잡혀 있는 한 진전은 없다. 일상의 규칙에 얽매여서는 일상을 초월할 수 없다는 얘기도 될 것이다.

여전히 너무 복잡하다. 양변이니 초월이니, 긍정이니 부정이니 하는 것들을 떠나 그냥 삶에 대해 얘기하는 편이 나을 성도 싶다.

그런 맥락에서라면, 그저 어느 쪽에도 치우치지 말고 균형 잘 잡아가면서 살라는 정도로 이해하면 좋으리라. 너무 나아가지도, 너무 물러서지도 말라는 정도의 뜻으로…….

나는 도대체 어떤 사람인가?

남들에게 거들먹거리며 자아 만족을 느끼는 게 나인가?

술과 명예와 돈에 취해 스스로 과대평가하는 게 나인가?

그렇게 대단하게 보이는 허울이 과연 나의 본체일까?

2장

나는 누구인가?

자신이 선 자리를 늘 돌아보라

사람들 대부분이 지갑에 예쁜 명함 하나씩 넣고 다닌다. 그 명함을 한번 꺼내 펼쳐보라. 그 안에 간소한 글씨로 새겨진 ○○기업 ○○팀 ○○○······.

그는 누구인가? 바로 당신인가? 명함에 새겨진 직함과 이름은 당신을 제대로 표현하고 있는가? 도대체 당신은 누구인가? 간단한 문제가 아니다.

저 멀리 고대 그리스 델포이의 아폴론 신전 기둥에는 "너 자신을 알라!"란 말이 쓰여 있었고, 문호 셰익스피어는 〈리어왕〉에서 "내가 누구인지 말할 수 있는 자는 누구인가?"라 수소문했다. 명민했던 그리스인들과 인간 본질에 탐닉했던 대문호는 왜 '나'에 대해 정색을 하고 물었을까?

'나'는 세상과 한 몸이다. 세상과 '나'가 동시에 밝혀지지 않으면, '나'는 끝내 알 수 없다. 내가 밝혀지면 세상이, 세상이 밝혀지면 내가 밝혀진다. 조금이라도 어긋나면 주위는 칠흙같은 어둠이다.

산중이라 해서 무어 그리 다르겠는가? '나'로 인해 쩔쩔매는 수행승과 그들의 암흑을 깨주려는 선사들의 종횡무진을 한번 감상해보시라.

고요한 밤, 당신을 보라

한 제자가 조주에게 물었다.

"붓다는 누구십니까?"

조주가 되물었다.

"너는 누구냐?"

좀 번잡스러웠을 것 같긴 한데, 붓다는 태어나자마자 일곱 걸음을 걸은 후 사방을 둘러보고, 한 손으로 하늘, 한 손으론 땅을 가리키며 이렇게 외쳤다.

"천상천하 유아독존天上天下 唯我獨尊!"

붓다는 이어 "이번이 나의 마지막 태어남"이라며 "고苦, 병病, 사死를 멸滅하겠다"라고 사자후를 토했다. 그랬더니 하늘에서 상서로운 비가 내리기 시작했다. 괴로움과 질병과 죽음을 세상에서 사라지게 해버리겠다 했으니, 하늘도 감읍했던 모양이다.

신화 같은 이야기이지만, 눈여겨볼 게 하나 있다. 바로 붓다의 첫 목소리가 '천상천하 유아독존'이었다는 사실이다. 이후 도도하게 이어질 불교의 큰 물결이 바로 그 유아독존의 외침에서 시작된 것이다. 왕궁에서 젊은 시절을 지내고, 삼십대에 깨달은 후 40여 년간 수많은 이야기를 풀어 놓았던 인류의 큰 스승. 그의 일성一聲은 무한한 자존감의 표출이었다.

온 우주에서 오직 나 홀로 존귀하다!

자기 자신에 대한 무한한 신뢰, 그게 불교의 출발점이었다. 훗날 중국의 선승들이 다른 곳 아닌 자신에게서 진리의 근거를 찾으려 한 것은 어쩌면 불가피한 일이었던 셈이다.

견성성불見性成佛!

자신의 본성을 깨치면 누구나 성불할 수 있다고 선은 가르친다. 다른 어느 곳에도 깨달음의 길은 없다. 너무도 자명한 이치를 사람들은 너무도 쉽게 잊는다.

"붓다가 대체 누구냐?"라고 묻는 질문에 대한 조주의 되물음은 그 맥락에서 그야말로 촌철살인의 전형이다. 군더더기라고는 전혀 없다. 붓다가 누구냐고?

"너는 누구냐?"

붓다가 누구인지 그 비밀은 각자의 마음속에 있는데, 그걸 왜 딴 사람에게 묻는가? 쓸데없는 질문 하는 대신, 조용한 곳에 처박혀 눈 감고 입 다문 채 자성自性을 살피라는 메시지다. 그럼 자기 자신이 그대로 붓다의 성품을 갖고 있음을, 그걸 드러내기만 하면 곧바로 붓다의 경지로 진입한다는 사실을 알게 되리란 얘기다.

짧은 물음이 촌철살인의 극치이긴 하나 조주만의 전유물일

리도 없다.

혜초慧超가 법안에게 조주의 제자와 같은 질문을 던진 적이 있다.

"무엇이 붓다입니까?"

법안이 혜초에게 뭐라 했을까?

"그대는 혜초다."

이렇게 초라한 나 자신이 정말 붓다일 수 있을까 고민하는 게 순리이지만, 믿어도 된다. 당신은 정말 붓다다. 그것을 고민하는 후학들에게 대선사인 조주도, 법안도 그리 얘기하지 않는가? 붓다를 찾으려면 너 자신을 들여다보라고 하지 않는가?

그대가 바로 붓다다!

지금까지 그랬고, 앞으로도 내내 그러할 이 험한 세상에서 자존自尊의 마인드는 끝내 포기할 수 없는, 포기해선 안 되는 만인의 주춧돌이다. 설령 세파에 지쳐 잠시 자존감을 상실했다 하더라도 어서 되찾아야 한다. 되찾는 데 대단한 노력이 필요한 것도 아니다.

침묵 속에서 자신을 되돌아보기만 하면 된다. 마음 한 구석 어디엔가 잠잠히 자리 잡은 붓다의 본성을 어렴풋하게라도 느끼면 그만이다. 누구든 진짜 자신을 발견할 수 있는 성스러운 장소를 내면에 품고 있는 법이다.

누군가 그랬다.

"고요하라, 그러면 내가 신神이란 걸 알리라."

천상천하 유아독존!

붓다의 전유물이 아니다.

누가 그대를 아는가

어떤 비구니가 다음 세상에 비구가 되고자 하는데 어찌 해야 하느냐고 용담에게 물었다.

용담이 되물었다.

"비구니가 된 지 얼마나 되는가?"

"저는 지금 앞으로 비구가 될 날이 있을까 여쭈어 보고 있는 겁니다."

"그대는 지금 무엇이오?"

"이 세상에 제가 비구니란 것을 모르는 사람이 어디 있겠습니까?"

용담이 답했다.

"누가 그대를 아는가?"

비구니는 다음 세상에선 비구가 되고 싶다. 그때는 그런 생각을 가질 만도 했다.

많은 이들이 붓다가 머무는 정토淨土에 다시 태어나길 원했지만, 그 정토에는 여성이 존재하지 않는다는 믿음이 여전히 남아 있던 시대였다. 여성은 그곳에 갈 수 없으니, 해탈도 할 수 없었다. 정토에 다시 태어나려면 남자의 몸을 얻어야 한다는 속설이 남아 있었다.

꼭 그러한 속설 때문이었는지는 모르지만, 용담龍潭을 찾은 비구니는 진지하게 자신이 비구가 될 수 있는지를 물었다.

그러나 불성에 남녀가 있을 리 없다. 용담은 답답한 노릇이었으나, 부드러운 반문으로 그를 깨우쳐 주고자 했다.

"비구니가 된 지 얼마나 되는가?"

자기 자신을 비구니로만 규정하는 것은 과연 타당한가? 이런 질문이었을 수 있다. 비구니는 허울 아니겠는가? 비구니란 외양을 뚫고 자신의 본성을 봐야 하지 않겠는가 말이다. 비구니 타령 대신 지금이라도 견성見性을 시도하는 것은 어떻겠느냐고 용담은 물었다.

그러나 '나=비구니'에 꼭 사로잡힌 그이는 선사가 되레 답답할 뿐이다. 미래 얘기를 하는데, 왜 자꾸 과거 얘기를 하느냐고 따진다. 그러나 참을성 많은 용담이다. 다시 물어봐준다.

"그대는 지금 무엇이오?"

비구니는 자신이 비구니이지 그럼 무엇이냐고 따져 묻는다. 그러나 용담은 정말, 참을성 많은 사내다. 조용히, 다시 물어 준다.

"누가 그대를 아는가?"

'나는 ○○이다'라는 정체성의 견고한 껍질을 벗겨내기는 쉬운 일이 아니다. 쉽지 않은 일 정도가 아니라 생사를 걸어야 하는 일생일대의 모험이다. 그러나 내가 누구인지 아는 순간, 붓다의 정체까지 한꺼번에 밝혀낼 수 있는, 해볼 만한 모험이다. 어쩌면 세상 전체를 환하게 밝힐 수도 있는 거대한 사업일 수 있다.

그러니 다만, 때늦은 감이 있어도 정색을 하고 물을 만하다. 나는 대체 누구인가? 셰익스피어의 캐릭터 '리어왕'의 대사를 다시 음미해보자.

"내가 누구인지 나에게 말해줄 자는 누구인가?"

극의 설정을 보면 이해가 간다. 어제만 해도 기세등등한 최고 권력자였는데 딸들에게 배신당하고 궁전을 나와 폭풍우 속에서 갈 데도 없이 황야를 헤매게 됐다. 생각해보라. 리어는 대체 누구인가? 왕인가, 자식들에게 버림받은 아버지인가, 황야의 떠돌이 노인네인가? 어떤 게 그의 정체성인가?

답답한 일이지만, 아무리 찾아헤매도 내가 누구인지 말해줄 수 있는 사람은 없다. 다만, 확실한 것은 왕이니, 버림받은 아버지니, 떠돌이 노인네니 하는 식으로 인연에 휘둘리는 상황이 자신의 정체성은 아니라는 것이다. 그러나 우리가 생각하는 정체성이 언제나 그런 외양에 머물고 있다는 점도 확실하다.

굴릴 것인가, 굴려질 것인가

혜능이 말했다.

"마음이 미혹하니 법화경에 굴리우고

마음이 깨달으니 법화경을 굴리누나."

불가佛家에서는 이 세계를 곧잘 '불난 집'으로 비유한다. 저마다의 욕망이 활활, 거센 불길로 타오르는 그런 곳이 우리가 사는 세상이다. 얼마나 적절한 비유인가? 불교의 세계관을 집약해서 보여주는 불교의 대표적 상징 중 하나로 봐줄 만하다. 그 불길을 잡으면 곧장 니르바나, 즉 열반涅槃인 것이니.

그런데 불난 집의 비유가 원전으로 등장하는 곳이 바로 《법화경》이다. 《묘법연화경妙法蓮華經》을 줄여 《법화경》이다.

붓다의 말씀 중 어느 하나 그냥 넘길 게 있겠는가마는,《법화경》은 그 중에도 중요한 경전이다.《화엄경》과 함께 대승불교의 중추로 꼽힌다.《화엄경》을 대개 떠오르는 아침 해에,《법화경》을 장엄한 낙조를 남기는 저녁 해에 비유하곤 한다. 붓다의 가르침을, 은근하되 만만치 않은 기세로 펼쳐 놓는 경전이《법화경》이다. 깊은 여운을 남기는 드라마틱한 예화들 덕에 문학성 높은 경전으로 꼽히기도 한다. 문향文香 가득한 예화와 강론의 중심에는, 모든 중생에게 불성이 있고, 누구나 붓다가 될 수 있다는 불교의 가르침이 담겨 있다.《법화경》이 불교의 주요 경전이 될 수밖에 없는 이유다.

그런데 이게 웬일인가? 선의 실질적 창시자 육조 혜능은《법화경》에 대한 경계부터 얘기한다.

《법화경》에 굴리우지 말고《법화경》을 굴려라!

인용된 문구를 원전대로 한자로 쓰면 이렇게 된다.

心迷法華轉(심미법화전)

心悟轉法華(심오전법화)

이런 게 한자의 매력이기도 하지만, 그게 그거인 듯한 '법화전'과 '전법화' 사이에는 엄청난 간격이 있다. '법화전'을 '전법화'로 바꾸는 일은 그저 글자 순서 하나 건드리는 것이지만 그 노역勞役의 무게는 천근만근이다. 《법화경》에 굴려지다가法華轉, 《법화경》을 굴리는 것轉法華은 교종에서 선종으로 넘어가는 지난하고도 혁명적인 변화이기 때문이다.

그리고 그 이행의 경계에 '불립문자不立文字'라는 선의 기치가 굳건하게 버티고 있다.

문자를 세우지 않는다!

문자, 그리고 그 문자가 만들어내는 개념을 부수려 했던 그 끈질기고도 치열한 노력을 빼면 도대체 선이란 것은 존재하지 않을 것이다. 수많은 진리의 경전을 읽어도 그 경전에 내내 치이며 굴려지는 수준이라면, 도대체 무엇을 하겠는가? 그 정도 내공으로는 손을 벤 정도의 조그마한 고통 하나도 어찌할 수 없다. 그게 마뜩잖아 선사들은 경전을 일거에 내던졌을 게다.

《법화경》에 굴리우는 일은 말하자면, 물에 빠진 상태에서도 책을 구해 그 속에 담긴 수영법부터 이론으로 익혀보겠다는 발상에 가깝다. 물에 빠졌을 때는 허우적거리고 발버둥 치면서라도 어떻게든 그 물에서 빠져 나가야 한다. 그런데 물에 빠져 놓고도 헤엄치는 법부터 배우고 보자는 '고지식'들이 어느 시대에나 허다하다.

화살이 몸에 박혔으면 빨리 그 화살을 잡아 빼는 게 급선무이지, 그 화살이 어느 방향에서, 어떤 각도로, 누구에 의해 자신에게 날아들게 됐는지 분석하려 들어선 안 된다는 얘기다. '법화전' 대신 '전법화'를 택한 선은, 물론 다른 모든 것을 제쳐두고 박힌 화살부터 잡아 빼려는 시도다.

나의 본래 모습은 바람에 드러난다

낙엽 지던 늦가을의 어느 날, 한 수행자가 길 가던 운문에게 물었다.

"나뭇잎이 시들어 떨어지면 어찌 됩니까?"

운문이 답했다.

"체로금풍!"

목·화·토·금·수가 동양철학에서 말하는 오행인데 그 중 목-화-금-수는 각각 봄-여름-가을-겨울에 배정된다. 은근하지만 강력한 기운으로 자신을 밀어올리는 나무의 에너지가 봄의 기운이고, 그 에너지가 불처럼 확 퍼지면 여름이다. 모든 사물이 쇠처럼 차갑게 경직되는 가을이 온 연후에, 물처럼 은밀한 움직임으로 새로운 에너지를 확충하는 겨울이 온다.

갑자기 웬 오행 얘기인가 하겠지만, 이유가 있다.

바로 '금풍金風' 때문이다. 목·화·토·금·수 중 금金이 가을에 해당하니, 금풍은 가을바람이란 얘기다. 한시에도 '금풍'이란 말이 곧잘 등장한다.

각설하고, "나뭇잎이 시들어 떨어지면 어찌 되느냐"라는 질문에 운문은 "체로금풍!"이라고 답했다.

체로금풍體露金風……

본래 모습이 가을바람에 드러나지!

'체로금풍'의 화두를 떠올릴 때마다 사실은 깊은 슬픔을 느낀다. 수분 잔뜩 머금고 햇빛에 찬란하게 빛나던, 여름의 아름다운 잎이 허상일 수도 있다니……. 삭막한 흙바닥에 떨어져 바스러질 듯 나뒹구는 초라함이 그 잎의 본체라니 말이다.

슬픔은 나뭇잎에만 기인하지 않는다. 슬픔이 깊은 것은 현상과 본체의 그 크나큰 괴리가 우리 자신에게도 가감 없이 해당되기 때문이다.

나는 도대체 어떤 사람인가? 대기업에서 적지 않은 연봉을 받고 있는 게 나인가? 남들에게 거들먹거리며 자아 만족을 느끼는 게 나인가? 술과 명예와 돈에 취해 스스로 과대평가하는 게 나인가?

그렇게 대단하게 보이는 허울이 과연 나의 본체일까?

어쩌면 나의 본체는, 찬란하게 빛나던 여름의 잎과 곧 먼지가 될 가을의 잎 사이 간격만큼이나 먼 곳에 따로 떨어져 있을지도 모른다. 허울을 벗겨낸 본체는, 차마 눈 크게 뜨고 보기에 힘겨울 정도로 빈약한 모습일지도 모른다. 돈과 명예·권력 등 일상의 나를 떠받쳐주던 일체의 것들이 사라진 공간의 '나'는 어쩌면 벽에 낀 곰팡이에도 미치지 못한 존재일지 모른다.

그러나 그 끔찍한 모습을 맑은 정신으로 응시하는 능력, 그 무서운 광경을 보고도 돌로 변하지 않을 수 있는 담대함은 지금까지의 삶을 180도 바꿔 놓을 수 있다.

살다보면 가끔, 두 번의 삶을 사는 사람들을 본다. 마흔 혹은 쉰까지의 삶을 훌훌 떨쳐내고 전혀 새로운 삶으로 진입하는 사람들 말이다. 그들의 자유로운 삶은 아마 인생의 늦가을에 맞은 금빛 바람 때문일 것이다.

일체의 허울을 떨궈주는 바람, 모든 존재의 근거가 사실은 무상하고 무상한 인연일 뿐이란 사실을 알려주는 바람, 그 인연이 사라져 황량한 폐허 위에서만 진정한 '나'를 우뚝 세울 수 있음을 알려주는, 그 상서로운 금빛 바람 말이다.

나는 살았다 할 수 있는가

조주의 제자 한 명이 죽었다. 조주가 장례 행렬을 쳐다보며
말했다.

"수많은 죽은 사람이 단 하나의 산 사람을 쫓아가는군!"

7세기 신라에 사복蛇卜이란 아이가 살았다. 어느 날 어머니가
죽자 사복은 이런저런 인연으로 당대의 고승 원효元曉(617~686)
를 찾아간다. 원효에게 어머니의 장례를 부탁하는데, 원효는 흔
쾌히 받아들인다. 사복의 어머니 시신 앞에 선 원효는 분향을
한 뒤 주문을 외듯 말했다.

"태어나지 말라, 죽기 괴로우니
죽지 말라, 태어나기 괴로우니."

윤회의 굴레 속에서, 생명 있는 모든 것은 여섯 가지 세상을
번갈아 가며六道輪廻(육도윤회) 태어나고 죽고 한다. 인간 세상은
그 중의 하나에 불과하다. 윤회의 와중에 어느 세상에 태어나느
냐 하는 것은 중요하지 않다. 윤회 자체가 괴로움이니까. 원효
의 말대로 죽기도 괴롭고, 태어나기도 괴로운 순간이다.

이쯤 해서 삶과 죽음 사이에 본질적인 차이 같은 것은 없어지는 셈이겠다. 인간 세상으로부터, 인간 세상이 포함된 여섯 가지 세상으로 시야를 넓히고 나면 삶이 죽음이고, 죽음이 곧 삶이 된다. 이 세상에서 죽으면 저 세상에 태어나고, 저 세상에서 죽고 난 뒤 또다른 세상에서 태어나는 것이다.

그러지 못하고 인간 세상이 특별한 줄만 알아 거기에 집착하게 되면 어찌 되는가? 인간 세상의 맥락에선 살아있을지 모르나, 전체 세상의 맥락에서 보면 유통을 포기한 사물이 되고 만다.

조주가 본 '수많은 죽은 사람'은 바로 그들이었을 것이다. 인간 세상을 떠남으로써 잠시 자유롭게 된 '단 하나의 산 사람'을 철없이 떠메고 좇아가는 이들이 조주의 눈에는 '죽은 사람들'로 보였던 것이다. 삶과 죽음의 경계를 이미 타파했을 조주의 눈에, 그 장례 행렬은 참으로 명백하게 앞뒤가 뒤바뀐 것이었으리라.

《장자莊子》 '제물론齊物論'에 나오는 꿈 얘기를 많은 사람들이 알고 있다. 간밤의 꿈에 나비가 되어 꽃 사이를 날아다니던 장자는 꿈에서 깨고는 헷갈린다. 내가 나비 꿈을 꾼 것이 확실한가? 혹시 나비가 바로 지금 장자의 꿈을 꾸고 있는 것은 아닌가?

하긴 원효도 장자도 다 같이 멀다. 그것이 혼돈이든 일치든 삶과 죽음의 경계에서 차라리 한발 물러나보는 편이 나을 수도 있겠다. 조주가 조망하던 장례의 행렬, 수많은 죽은 이들이 단 하나의 산 사람을 좇아가는 그 행렬은 윤회와 불교의 맥락이 아니더라도 우리에게 충분히 깊은 울림을 준다.

도대체 살아있다는 것은 무엇일까? 그것은 끊임없는 변화와 약동을 의미한다. 살아있는 모든 것은 한시도 쉬지 않고 움직이게 마련이다. 강약과 관계없이 변화와 움직임, 그 흐름이 사라지면 삶도 끝난다.

그런 의미에서 우리는 진정 살아있는가? 조주의 서릿발 같은 눈빛 앞에서도 얼어붙지 않고 자유롭게 제 갈 길을 갈 수 있는가?

삶의 지혜와 진리가 어디 후미진 산 속,

어두운 곳에 따로 감추어져 있던 적이 있던가?

정신만 똑바로 차리면 발붙이고 서 있는 바로 이곳이 진리의 장소일진대,

우리는 애써 먼 곳에서 의미 있는 무언가를 찾으려고 한다.

3장

일상의 재발견

해결책은 매일의 삶 속에 있다

시름에 잠겨 꼬박 밤을 새우다시피한 어느 날 새벽, 쌀을 씻어 밥을 안친 다음 거실 소파에 축 늘어져 있었다. 한 30분 지났을까? 부엌에서 툴툴툴~ 하는 소리가 맹렬히 울려 퍼졌다. 압력밥솥의 압력추가 흔들리는 소리였다. 바로 그때, 삶이 한가해지는 느낌이었다. 정처 없이 떠다니던 헛생각들이 밥솥이 내는 기운찬 효과음에 집중되는 순간, 삶은 평온을 되찾는다.

가끔 그런 경험을 한다. 빨래를 개다가, 청소를 하다가, 가습기의 물을 갈다가, 창을 열고 환기를 시키다가 공중 부양을 일삼던 헛된 사유가 한꺼번에 제자리를 찾아 정렬하는 그런 경험…….

일상에서 멀어지면 삶은 비정상이 된다.

일상으로 돌아오는 순간, 삶은 정상을 찾는다.

선사들에게도 진리의 거처는 부엌과 시장이었다. 배고프면 밥 먹고 졸리면 자는 행위야말로 삶의 가장 내밀한 비밀이라고 그들은 귀띔했다. 지극히 평범한 이야기인가? 너무나 기묘한가?

이 사연의 본뜻을 취하기 위해서는 선의 시작을 간략하게라도 논해야 한다.

선의 창시자 혜능은 처음엔 나무꾼이었다가 깨달은 뒤에는 난폭한 사냥꾼 무리에 섞여 한참을 보냈다. 나무꾼일 때도, 사냥꾼일 때도 혜능이 지내던 지역은 중국의 최남단 변방 오지였다. 혜능과 그의 무리들은 하루하루 생존을 위해 그 변방의 오지를 헤치고 다녀야 했던 사람들이다. 매일의 일상에 굳게 발 딛지 않으면 생계가 막연한 이들이었다.

일상과 괴리된 종교의 영역, 정신의 영역 따위는 그들에게 반감의 대상일 뿐이었다. 그들이 지향하던 마음의 평화는, 그들이 발 딛고 있는 생활의 영역에서 찾아져야만 했다. 일상 밖으로 나갈 시간이 그들에게는 없었다.

변방 오지를 생활 터전으로 삼는 무리들의 입장은 그 자체로 정치적이기도 하다. 경전 속에만, 한적한 사찰과 궁궐에 안에만 존재하리라 여겨지던 안식과 평화를, 길 위로 끌어내리려 하기 때문이다.

깨달음은 번뇌 속에서만 이뤄질 수 있다고 그들은 생각했다. 노동의 일상만이 깨달음의 거점이다. 등장하는 대화들은 일상에 대한 헌화로 봐줄 수도 있겠다.

깨달음은 시장통에도 있다

보적이 번잡한 시장을 거닐다가, 푸줏간 옆을 지나게 됐다. 마침 돼지고기를 사려는 손님과 푸줏간 주인 사이에 흥정이 시작됐다. 손님이 진열대 위에 올려놓은 고기를 유심히 살펴보다가 말했다.

"최상등품으로 한 근만 주시오."

푸줏간 주인이 칼 하나 달랑 든 채, 천진하게 웃으며 말했다.

"손님, 어디인들 최상품이 아니겠습니까?"

선 화두를 모아 놓은 자료집을 뒤적이다가, 20년 전 열광하며 봤던 홍콩 무협영화 〈신용문객잔〉을 떠올린 적이 있다. 장만옥·임청하에 양가휘·견자단 등 추억의 스타들이 대거 등장했던 본격 액션 스펙터클 무협물이다.

객잔客棧, 그러니까 중국의 지방 상인들이 이용하던 한 여관에 강호의 고수들이 집결하며 펼쳐지는 난장亂場이다. 나름 고전 영화다.

〈신용문객잔〉을 떠올리게 된 것은 당시 청춘들의 마음을 사로잡았던 장만옥·임청하의 결연하고도 진지한(뭐가 그리 진지했는지 지금 생각하면 사실 우스운) 표정과 몸짓 때문이 아니다. 영화 막판

드넓은 사막에서 신출귀몰하며 무림의 최대 고수를 식칼 하나로 난도질하던 만주족 요리사가 떠올라서다.

장만옥·임청하에 양가휘가 한꺼번에 덤벼들어도, 극악무도한 무림 고수 견자단 한 명을 당해내지 못한다. 그런 상황에서 영화 막판, 사막에서 벌어진 최후의 일전……. 무림의 고수들이 사활을 건 싸움을 벌이고 있던 바로 그때, 만주족 요리사가 등장한다. 주방에서 쓰던 식칼 한 자루(두 자루였나?)를 들고 사막의 모래 바닥 아래에서 갑자기 튀어나오더니 견자단을 난도질한다.

천하를 호령하던 희대의 악당이 참으로 허무하게 무너졌다. 여관 주방에서 고기를 다듬으며 다져진 칼놀림이, 세상을 호령하던 절대 무공을 이긴 것이다. 비非 강호 출신 요리사의 존재는 그 자체로 전율과 쾌감이었다. 그런데 그 전율과 쾌감은 어디서 온 것일까?

무언가를 정식으로 배울 기회를 갖지 못한 사람도 최상의 교육을 받은 사람을 압도할 수 있다는 사실, 무림의 도장 아닌 변방 여관의 부엌에서도 영웅이 출현할 수 있다는 사실, 진정한 인간의 능력은 일상을 뛰쳐나가지 않아도 충분히 고양될 수 있다는 사실……. 대강 그런 사실에 대한 확인 때문 아닐까 싶다. 너무 많이 나갔나?

어쨌거나 옛날 홍콩 영화를 장황하게 추억하게 된 것은 바로, 인용된 보적寶積 선사의 깨침 얘기 때문이다. 마조 도일의 법통을 이었다고 전해지는 보적은 어느 날 번잡한 시장의 푸줏간 옆을 지나다 푸줏간 주인의 한마디를 듣고 깨닫는다. 무림 고수를 무찌른 만주족 요리사와 비슷한 직업군인 푸줏간 주인이 등장한다는 점도 그렇지만, 최고의 지혜는 장소를 가리지 않고 존재한다는 사실을 확인해준다는 점에서도 비슷한 것 같다.

푸줏간 주인의 말을 다시 들어보자.

"어디인들 최상품이 아니겠습니까?"

삶의 지혜와 진리가 어디 후미진 산 속, 어두운 곳에 따로 감추어져 있던 적이 있던가? 정신만 똑바로 차리면 발붙이고 서 있는 바로 이곳이 진리의 장소일진대, 우리는 애써 먼 곳에서 의미 있는 무언가를 찾으려고 한다.

삶을 통째로, 있는 그대로 받아들일 수만 있다면 푸줏간 주인의 말마따나 어디인들 최상의 장소가 아니겠는가? 무엇인들 최상품이 아니겠는가?

시장통의 저급한 대화 중에도 기어이 자신을 노출하고 마는 게 삶의 비의秘意일 것이다. 번잡한 시장의 일상적 대화가 때론, 산중의 수십 년 수행을 무색하게 만들기도 한다. 사막 한복판에서 만주족 요리사에게 당한 무협 고수처럼, 보적 선사도 푸줏간 주인에게 한 방 얻어맞고 얼얼한 상태였겠지만, 정신만은 한없이 맑았을 것이라 짐작해본다.

부엌일의 거룩함

공양주 일을 하던 설봉이 쌀을 일고 있었다. 스승 동산이 다가오더니 말했다.

"그대는 모래를 일어서 쌀을 가려내느냐, 쌀을 일어서 모래를 가려내느냐?"

"모래와 쌀을 한꺼번에 가리지요."

무난한 답이었지만, 곧바로 철퇴가 날아든다.

"그렇게 하면 대중은 무엇을 먹느냐?"

다른 날, 설봉이 밥을 짓고 있을 때다. 동산이 다시 시비를 걸어온다.

"오늘은 밥을 얼마나 지었느냐?"

"두 섬을 지었습니다."

"모자라지 않겠느냐?"

"밥을 먹지 않는 스님도 있습니다."

다시, 비교적 성공적인 방어…… 그러나 다시 철퇴다.

"갑자기 모두 먹겠다고 하면 어떻게 하겠느냐?"

밥 먹는 것만큼 거룩한 일이 이 세상에 또 있을까? 가족과 둘러앉아 오순도순 밥 먹을 때의 행복감은 그것만으로 신성하다. 별 말들 없어도 염화拈華의 미소微笑가 수도 없이 오가는 자리다. 잠깐, 시인의 입을 통해 그 거룩함과 신성함부터 한껏 느껴보고 얘기를 이어가자.

"몸에 한 세상 떠 넣어주는 먹는 일의 거룩함이여.
(중략)
파고다 공원 뒤편 순댓집에서 숟가락 가득 국밥을 떠 넣으시는 노인의 쩍 벌린 입이, 나는 어찌 이리 눈물겨운가."
(황지우, '거룩한 식사' 중)

먹는다는 것은 그런 것이다. 몸에 한세상 떠넣는 일이고, 거룩한 일이고, 눈물겨운 일이다. 이럴 때는 "평상심이 도道"라는 식의 형이상학적인 말도 필요하지 않다. 배고프면 먹고, 졸리면 자는 그 단순한 일상의 밖에 중요한 것은 하나도 없다.

그런 의미에서 절 식구들 밥 지어주는 공양주 역할을 하며 깨달음을 얻었던 설봉 의존의 수행이 전하는 감동은 크다. 젠 체하지 않고 동료들을 위해 묵묵히 쌀을 씻고 밥을 짓던 과묵함과 수줍음……. 스승에게 기묘한 질문을 받고, 번번이 말문이 막혀 당황하는 그의 모습은 가벼운 세태를 좇는 인간들을 오히려 당황하게 한다.

설봉이 등장하는 화두를 들여다보면, 별다른 궁리를 하지 말자는 생각이 든다. 당황할 만한 일이 생겼을 때 아무 방어막 없이 당황하는 모습, 그렇게 순수하게 자신을 드러내는 한 구도자의 모습을 그려내는 정도가 공안과 화두의 역할이 아닐까 하는 생각을 한다.

설봉이 쌀과 모래를 구분하고, 밥의 적정량을 애써 가늠하는 동안, 스승은 그 분별의 마음을 그냥 두기 싫었다. "모래와 쌀을 모두 가려내면 먹을 게 남아나질 않는다"라는 스승의 꾸지람에 제자는 자신의 분별심을 자책하며 깊은 반성으로 빠져든다. 그러나 묵묵부답한다.

스승은 다시 한두 번의 대화 끝에 "갑자기 모두 먹겠다고 하면 어떻게 하겠느냐?"라며 제자를 난감하게 한다. 설봉은 그 질문에도 크게 당황했으리라.

그러나 당혹 속에서도 설봉은 쌀을 마저 일구고 밥을 안치는 데 몰두했을 것이다. 달리 무엇을 할 수 있겠는가? 그 당장에 공양주의 소임을 맡고 있는 자로서, 자신의 개인적 깨달음을 어찌 대중의 공양 위에 두겠는가.

기록된 바 없으나, 그렇게 무던히 쌀을 씻고 밥을 짓는 바로 그동안에, 설봉이 자신의 확고한 마음자리를 마련했으리란 생각이 든다.

"머리 좋은 사람이 마음 좋은 사람만 못하고, 마음 좋은 사람이 손발 부지런한 사람만 못하다"라는 얘기를 한다. 그것은 나태함을 꾸짖는 세속의 경구이기도 하지만, 동시에 구도의 한 방책을 전해주는 말이기도 하다.

머리 대신 마음을, 마음 대신 손과 발을!

목숨 바쳐 지킬 가치를 찾아

황벽이 제자들에게 말했다.

"너희는 모두 술 찌꺼기에 취한 놈들이다. 이 절, 저 절 돌아다니기만 해서야 언제 깨닫겠는가? 아무리 돌아다녀봐야 가르침을 줄 선사는 못 만날 걸!"

한 제자가 불쑥 뛰어나와 물었다.

"도처에서 가르치고 있는 이가 많은데, 그들은 뭡니까?"

황벽이 말했다.

"선은 어디에나 있다. 선사는 없다."

황벽黃蘗 희운希運(?~850)의 법은 거칠다. 훗날 선의 거목이 되는 걸출한 제자 임제를, 황벽은 어떻게 키워냈던가?

젊은 시절 임제는 스승 황벽에게 불법佛法을 물었다가 몽둥이로 호되게 얻어맞았다. 한 번이 아니었다. 그러나 임제의 고집도 만만찮다. 임제는 똑같은 질문을 두 번 더 던졌고, 황벽은 그때마다 몽둥이를 휘둘러댔다.

나중에 당나라 선종이 되는 대중천자大中天子를 거세게 다룬 일화도 유명하다. 황벽이 예불을 하고 있는데 대중이 "예불을 통해 무어 구할 게 있겠느냐?"라고 물었다. 몇 마디가 오간 뒤에, 황벽은 대중의 따귀를 철썩 때리고 만다. 대중이 당황해 "이런 난폭한 사람이……"라며 걱정하자, 황벽은 "여기에 무엇이 있다고 난폭이며, 친절을 따지는가?"라고 쏘아붙였다.

폭력이 등장하지는 않았지만 인용된 에피소드 속 황벽의 태도도 거칠기 짝이 없다. 제자들을 술 찌꺼기에 취해 방황하는 이들로 폄하하고, 그들에게 가르침을 전한다는 선사들에 대해서도 강한 비난을 날린다. 제자들은 당연히 "도처에서 가르치고 있는 이들"에 대해서 물어볼 수밖에 없다. 황벽은 그러나 "선사는 없다"라고 잘라 말한다.

"선이 있을 뿐이다!"

난폭하다.

저간의 사정을 이해 못할 바는 아니다. 달마에서 혜능을 거쳐, 남악·마조·백장을 거치는 동안 선은 중국 전역으로 퍼졌고, 선사 행세를 하는 이들도 크게 늘었다. 그러나 그들 중 대부분이 과거 선승들의 어록을 들먹이며 아는 체나 하는 가짜들이었다. 그래서 황벽은 "선사는 없다"라고 단언했던 것이다.

그러나 '진짜 선사'들이 즐비했다고 해도, 황벽은 선사의 존재를 부정했으리라. 언제나, 그리고 일관되게 '한 마음'을 강조했던 황벽은 요즘 말로 하면 원리주의자, 근본주의자였다. 유럽 중세의 종교개혁 주동자들이 "오직 믿음sola fide!"을 기치로 내걸었던 것처럼, 황벽도 "오직 선禪!"을 외쳤던 것이다.

황벽이 임제에게, 훗날의 황제에게, 그리고 법을 찾아 헤매는 제자들에게 그렇게 거칠 수 있던 것도 바로 근본 원리 외에는 돌보지 않는 순수함 때문은 아니었을까 생각한다. 좌고우면左顧右眄하지 않는, 눈치 보지 않고 곁눈질하지 않는 사람들만이 솔직하게 자신을 터뜨리기도 한다.

기골마저 장대했다는 선걸禪傑 황벽의 모습을 대할 때마다, 순치된 현대인들이 안쓰러워 보이기도 한다. 그것은 자신이 지킬 소중한 가치(황벽에게라면 선이었을)를 잃었다는 뜻이기도 하고,

주위를 너무 살핀다는 뜻이기도 하다.

붓다의 전생담이 녹아 있는 《잡보장경雜寶藏經》에 이런 얘기가 있다.

"사슴처럼 두려워할 줄 알고, 호랑이처럼 무섭고 사나워라."

먼저 목숨을 바쳐 지켜낼 자신만의 가치를 찾아야 한다. 그리고 황벽처럼 그 가치에 온몸을 던질 줄 알아야 한다. 그래야 평상시엔 사슴이었다가도, 가끔 호랑이처럼 무섭고도 사나운 모습을 뽐낼 수 있다.

가장 소박한 곳에서 가장 빛나는 것

운문이 대중에게 말했다.

"사람들마다 광명을 갖추고 있지만, 일부러 보려 하면 캄캄해 아무것도 볼 수 없다. 자, 여러분의 광명은 어떤 것인가?"

대답이 없자, 운문이 말했다.

"부엌과 세 개의 문이다."

그리고 덧붙였다.

"아무리 좋은 일이라도 없는 것만은 못하지."

부엌과 세 개의 문이라……. 부엌은 부엌일 테고 세 개의 문은 무엇일까?

사찰마다 세 개의 문이 있다. 절 입구에 우뚝 서서 성聖과 속俗을 나눠주는 일주문一柱門, 불국토 지킴이 사천왕을 모시는 천왕문天王門, 그리고 너·나, 생사·열반, 번뇌·보리의 무차별을 알려주는 불이문不二門 그렇게 셋이다. 누구든 곁길로 새지만 않는다면 일주문·천왕문·불이문을 무슨 의례처럼 통과해야 대웅전에 도달한다.

부엌과 세 개의 문은 그래서 사찰의 일상이다. 붓다를 모신 대웅전은 아니되, 사람들을 절로 인도하고(세 개의 문), 그들에게 공양을 내어주니(부엌) 제법 중요한 공간이라 하겠다.

운문은 처음, 개개인의 본래면목에 대해 물었다. 모든 이에게 내재한 불성, 그러나 애써 끄집어내려 하면 돌연, 사람의 시야를 어둡게 해버리는 그 불성이다.

붓다의 성품이니 얼마나 밝은 빛을 발하겠는가마는, 그 광명은 쉽게 찾아지지 않는다. 환하지만 찾아지지는 않는 광명……. 그것은 어디 있는가? 무엇인가?

그에 대한 대답이 부엌과 세 개의 문이었다. 붓다의 화려한 광명은 고작 절집의 부엌과 출입문에 드러나 있을 뿐이다. 내가 맨날 걸어다니고, 쭈그려 앉아 불 피우는 그 공간에 나의 불성은 있다. 붓다의 광명은, 멀리 외부에서도, 내 마음 깊숙한 어느 곳에서도 발견되지 않는다. 내가 거닐고 생활하는 이곳이 바로 내 본성이 숨 쉬는 자리다. 가장 소박한 곳에 가장 빛나는 것이 자리한다.

운문은 원래 친절한 사내가 아닌데, 무슨 연유에서인지 이 번엔 좀 다르다. 부엌과 세 개의 문 얘기에다가 한마디를 더 보탠다.

"아무리 좋은 일이라도 없는 것만은 못하지!"

언제나 무소식 중에 한 소식이다. 세 개의 문 지나 부엌 즈음에서 그저 한가롭게 마당이나 쓸고 있노라면, 어여쁜 꽃잎들이 반갑게 떨어지게 마련이다.

일상은 단조로워서 숭고하다

한 젊은이가 출가해 조주를 만나게 됐다.

"제자는 이 선원에 들어온 지 얼마 되지 않습니다. 잘 수행할 수 있도록 지도해주십시오."

조주가 물었다.

"아침은 먹었는가?"

"네, 스승님."

"어서 가서 바리때나 씻게!"

조주는 확실히 아무것도 아닌 걸로, 무엇인가를 척척 만들어 내는 희한한 노인네다. "밥 다 먹었으면, 밥그릇을 씻으라"라는 말 속엔 아무것도 담겨 있지 않다. 큰마음 먹고 배움을 청하러 온 이에게 조주는 그런 허랑한 얘기를 들려주고 만다. 앞에 앉은 학인은 그 허랑한 얘기에 말문은 막혔지만, 마음의 문은 틔었으리라. 그것은 어느 정도 기이한 일이다.

그렇긴 해도 여전히 "아침은 먹었는가?"와 "바리때나 씻게!" 사이에 숨어 있는 은밀한 뜻을 발견하기는 어렵다. 그런 게 숨어 있기나 한 것일까?

은밀한 뜻은 몰라도, 확실한 것이 있다. 문명 이래, 사람들은 밥을 먹고 또 그릇을 씻는 단순한 일을 수도 없이 반복해왔다는 사실이다.

수없이 반복되는 일에는 분명히 이유가 있게 마련이다. 그 이유가 복잡하지도 않다. 그 일이 아니면 일상이 이어지지 않기 때문이다. 그러니 몇 천 년 전 아무개의 아침에도, 수백 년 전 누군가의 점심에도, 오늘 아침 또 다른 이의 저녁에도 그 일이 반복된다.

그렇게 수없이 반복되는 일이기에, 아주 하찮은 일이 되고 만다. 하등동물의 반사 신경 정도로도 할 수 있는 아마 그 정도일 게다.

그러나 그 무한하고 하찮기까지 한 반복이 없다면 우리의 일상은 유리그릇 깨지듯 깨진다. 단조로운 일상은 그 자체가 삶이면서 또한 삶의 말없는 기반이기도 하다. 온갖 형이상학과 철학, 종교는 없어도 잘 살 수 있지만, 밥 먹고 그릇 닦는 일을 생략하고는 단 일주일도 생활을 유지하기 힘들다. 숭고하기로 따지면 밥 먹고 그릇 닦는 일이 윗길 중 윗길이다.

조주를 찾은 젊은이도 숭고한 무엇인가를 찾으러 집을 나왔을 테지만, 그 무엇인가가 특별히 멀리 있거나 그래서 애써 찾을 필요도 없는 것이란 사실은 잘 몰랐을 것이다. 자신의 기적 같은 일상, 그 자체가 세상에서 가장 숭고한 일인 줄은 까맣게 몰랐다.

그런 그에게 "밥 먹었으면 어서 바리때를 씻어야지!"라는 나직한 말은 마른하늘에서 떨어지는 통쾌한 날벼락이다. 일상에 담긴 숭고와 거룩을 단번에 환기시켜주는 조주만의 비밀 언어다.

붓다의 가르침 중 간결함과 아름다운 추상, 그리고 메시지의 강력함으로 뭇사람을 사로잡는 경전이 《금강경》이다. 그런데 그 중요한 강론의 시작은 가히 충격적이라 할 정도로 싱겁다. '법회인유法會因由'라 줄여 말하는 제1분分, 그러니까 첫 번째 챕터chapter가 이러하다.

"이와 같이 나는 들었다. 붓다가 한때 사위국 기수급고독원에서 1,250명의 스님들과 함께 있었다. 때가 되자 붓다는 가사와 발우(바리때)를 지니고 사위성에 들어가 스님들과 함께 차례대로 공양을 받은 뒤에 본래 있던 곳으로 돌아왔다. 공양을 마친 후 가사와 발우를 제자리에 놓고 발을 씻은 후 자리를 펴고 앉았다."

이어 붓다의 제자 수보리가 일어나며 질문을 하는 것으로 장엄한 가르침이 이어진다.

밥을 먹고 그릇을 씻은 후 단정하게 앉는 행위……. 이 소박한 행위가 다이아몬드처럼 단단한 진리 덩어리인《금강경》의 시작이다. 붓다도 수없이 반복했을 그 행동에 어떤 묘리妙理와 현학衒學이 감추어져 있는 것은 아니다. 그 자체가 묘리이며 현학이다.

경전도, 경전에 담긴 진리도 모두, 붓다와 스님들의 공양과 설거지에서 시작한다. 아무 의미 없이 무던히 반복되는 일

상……. 다이아몬드처럼 절대 깨지지 않는 우리의 보물은 다른
데 있지 않다.

뜰 앞 잣나무에 담긴 세상 이치

한 수행자가 물었다.

"달마가 서쪽에서 온 뜻이 무엇입니까?"

조주가 답했다.

"뜰 앞의 잣나무!"

달마가 서쪽에서 온 뜻, 조사서래의祖師西來意.

뜰 앞의 잣나무, 정전백수자庭前柏樹子.

조주 이래 무수히 많은 선사와 수행자들이 곱씹고 또 되뇌었
을 공안이다. 그 무수히 많은 이들 중 대부분이 공안을 깨뜨리
지 못해 좌절했을 테고, 좌절하지 않은 이들도 한 경지를 얻었
는지는 알 수 없는 일이다. 어느 쪽이건, '조사서래의'와 '정전백
수자'가 어떤 물건이라도 됐더라면, 지금쯤 닳아 없어지고 말았
으리라.

그런데 조주에게 질문을 던진 수행자는 사실 '뜰 앞의 잣나

무'를 물건 정도로 알아들었다. 수행자와 조주의 단문과 단답으로 에피소드를 정리했지만, 원래는 몇 마디가 더 오갔다.

깨달음에 관해 묻는 질문에 조주가 난데없이 "뜰 앞의 잣나무!"라고 대답하자, 수행자는 조주의 그 말을 진짜 나무 한 그루를 가리킨 것으로 알아듣고 따졌다는 것이다. 조주는 그때 친절하게도 일러주었다.

"나는 자네에게 물건을 가리킨 것이 아닐세."

스님은 다시 '조사서래의'를 물었고, 조주는 미동도 하지 않고 거듭 말했다.

"뜰 앞의 잣나무니라!"

조주는 뜰 앞의 잣나무로서 '만법귀일萬法歸一(모든 존재는 하나로 돌아간다), 일귀하처一歸何處(그럼 그 하나는 어디로 가는가?)'의 뜻을 분명히 했다. 수행승은 달마의 행보를 빌어 우주 모든 존재의 출발과 귀결을 물었다. 조주는 바로 그 당장에 눈에 들어온 뜰 앞의 잣나무 한 그루를 제시함으로써 저 먼 데까지 갔던 성聖의 경지를 도로 일상으로 끌어내렸다.

본질과 현상이 언제 둘이었던 적이 있는가. 우연히 뜰 앞에 존재하고, 그보다 더 우연스럽게 조주의 눈에 들어온 잣나무 하나도 피해가지 않는 게 세상의 참 이치다.

이 역사적인 대화가 이뤄졌던 곳은 '관음원觀音院'이다. 깨친

후에도 오랫동안 스승 남전을 모시고, 이후에도 머물지 않고 느릿한 행각을 고집했던 조주가 80세 가까이 이르러서야 정착한 곳이다.

관음원은 중국 허베이성河北省에 있는데, 지금은 관음원 대신 '백림선사柏林禪寺'라 불린다. 그 이름에 '정전백수자'의 백柏이 들어간 것만 봐도, 그곳이 조주와 수행자의 대화가 이뤄졌던 곳임을 짐작할 수 있다. 실제 절에는 고목들이 즐비하고 그 중엔 조주가 바라보던 '정전백수자'들도 온전히 남아 있다.

그런데 그 나무들이 사실은 잣나무가 아니라 측백나무라고도 한다. 한자 백柏이 측백나무도 되고, 잣나무도 되는데 요즘 절에 남아 있는 것들을 살펴보니, 조주가 가리킨 것은 잣이 아니라 측백이었다는 설명이다.

어느 쪽이건 어떠리. 잣이든 측백이든 이미 닳아 없어질 만큼 곱씹고 되뇌어진 것을.

나만의 추억, 그 우주적 의미

한 수행자가 조주에게 물었다.

"우주의 모든 것은 하나로 돌아간다고 합니다. 그럼, 그 하나는 어디로 돌아갑니까?"

조주가 답했다.

"내가 청주에 있을 때 삼베 옷 한 벌을 만들었는데 무게가 일

곱 근이었지."

조주의 대답도 기상천외하지만, 수행자의 앞선 질문이 참으

로 걸작이다.

만법귀일 일귀하처萬法歸一 一歸何處.

'우주의 모든 존재法는 결국, 하나로 돌아간다. 그렇다면 그

하나는 어디로 가는 것인가?'

불교에 귀의하기로 결심한 사람에게 "모든 게 하나로 귀결된

다"라는 말 정도는 그리 어렵지 않다. 어떤 스승을 만나건 쉽게

들을 수 있는 말이다. 언뜻 무질서해 보이는 이 세상의 존재들

이 사실은 하나의 근원을 갖는다는 얘기는 매력적이기도 하다.

체험의 수준으로 가면 또 다른 문제이지만, 이해하는 데 큰 어

려움이 있지는 않다.

그러나 하나로 귀결되면 그걸로 끝인가? 하나는 어디로 돌아

가는가? 날카로운 질문이다. 어려운 질문이기도 하다.

선사들의 답변은 언제나 전광석화電光石火다. 조주도 틈을 보이지 않고, 이 난해한 질문에 즉각 대답을 날려주었겠지만 그래도 질문자가 예사롭지 않게 보였을 것이다.

　'어, 이거 봐라! 만법귀일까지야 그렇다 치고, 일귀하처라고? 그저 경전이나 들여다보고, 무던하게 좌선이나 한 자는 아닌 게로군!'

　그래서 아쉽다. 잠깐 동안 조주를 감동시켰을 질문자가 누구인지는 안타깝게도 알 수가 없으니까. 이름조차 확인할 길 없는 이의 그의 질문이 시대를 넘어 여러 사람들의 구도求道를 촉발시켰다. 아마도 선사의 대열에 끼지는 못했겠지만, 질문을 던진 젊은 수행자의 명민함은 눈부시다.

　"우주의 모든 존재는 하나로 돌아간다 하지만, 그렇다면 그 하나는 어디로 갑니까?"

　눈부신 질문에 조주는 황당하리만치 개인적인 답변을 내놓는다.

　"내가 청주에 있을 때 삼베 옷 한 벌을 만들었는데 무게가 일곱 근이었지."

　청주는 조주가 태어난 곳이다. 어린 시절을 보냈을 것이다. 그곳에서 자신이 삼베 옷 한 벌을 해 입었다? 참으로 대수롭지 않은 얘기다. 관심 가는 얘기도 아니다. 한 벌 아니라 열 벌을 해

입어도 나와는 상관없는 일이다. 지극히 개인적이고 일상적인 일에 누가 관심을 갖는가?

그야말로 청주에 살던 소년 또는 청년 조주의 일일 뿐이다. 삼베로 옷을 몇 벌 해 입었든, 그 한 벌의 무게가 일곱 근이든 여덟 근이든 아홉 근이든, 그리고 그 재료가 삼베든 목화든 조주를 뺀 그 누구의 관심사도 아니다. 그저 조주만의 사사로운 추억일 뿐이다.

그런데 우주의 존재 방식을 묻는 질문에 조주는 자신의 내밀한 추억을 얘기하고 말았다. 모든 존재는 하나로 귀결된다. 그런데 그 하나의 귀결은 고작 누군가의 옛 추억이란 말인가?

그 하나가 만약 우주 모든 것을 함축하는 그 무엇이라면 마땅히 그래야 하는 것일지도 모른다. 저 멀리 어느 촌구석 한 사내아이의 미미한 추억 하나도 놓치지 않고 담아내야, 만법의 종착역이 될 자격이 있는 것 아니겠는가?

예전에 즐겨 읽던 어떤 소설에 두 사내의 기묘한 대화가 등장한다.

"평화시장 앞에 줄지어 선 가로등들 중에서 동쪽으로부터 여덟 번째 등은 불이 켜 있지 않습니다…… 그리고 화신백화점 6층의 창들 중에서는 그중 세 개에서만 불빛이 나오고 있었습니다……"

"서대문 버스 정류장에는 사람이 서른두 명이 있는데 그중 여자가 열일곱 명이었고 어린애는 다섯 명 젊은이는 스물한 명 노인이 여섯 명입니다."

김승옥의 소설 〈서울, 1964년 겨울〉의 한 장면이다. 술 약간 취한 사내 두 명이 세상에서 자신만이 알고 있는 이야기를 주고받는 광경이다. 지극히 개인적이고, 무의미하기까지 한 이야기들이다.

그러나 사소하기 짝이 없는, 실재적 가치라고는 하나 없는 일개 추억에도 우주적 가치가 담겨 있게 마련이다. "만법귀일이나 일귀하처?"라는 질문에 대한 조주의 답변은 그래서, 다른 이들에겐 어떤 의미도 갖지 못하는, 아주 오래되고 사소한 추억이었을지 모른다.

누구나 하나쯤 마음속에 품고 사는, 지극히 사소한 추억 하나하나에도 그런 우주적 가치가 숨을 쉬고 있다.

우리의 마음은 어쩌면 무형의 대웅전일 것이다.

그곳에 조바심으로 안치해놓은 목불이

혹시 돈이나 명예나 권력에 대한 욕심 따위는 아닌가?

그런 조건들이 우리의 행복과 건강과 무사한 일상의 필요충분조건인 경우는 없다.

4장
굴레 벗기

자유로운 삶을 위한 모험

언젠가 외신에서 로마 가톨릭 교황이 어린 소년의 머리를 쓰다 듬으며 강론하는 사진을 인상 깊게 본 적이 있다. 한 종교의 최고 사제司祭가 얘기하고 있는 공식 단상에 무단으로 올라간 소년……. 그는 장난스럽게 단상을 헤집고 다녔고, 그런 소년을 교황은 손주인 양 옆에 끼고 하던 얘기를 계속했다. 권위를 아랑곳 않는 천진난만, 그런 천진난만이 너무도 반가운 권위…….

살아가는 동안 우리들은 수많은 원칙들을 배우고 때론 만들어 낸다. 그리고 그 원칙들에 스스로 복종한다. 그런데 삶을 진척시키기 위해 세웠던 원칙들이 어느 순간 굴레가 된다. 그 굴레 탓에 삶은 한 발자국도 전진하지 못한다.

그런 굴레를 벗기 위해선 초심이 필요하다. 자신의 흥미만을 따라 사제의 단상까지 올라간 소년의 마음, 아무 것도 겁내지 않는 어린아이의 마음…….

선가에서는 '가불매조呵佛罵祖'란 말을 쓴다. '붓다를 꾸짖고, 조사를 욕한다'라는 말이다. 불교를 비난하는 사람들이 하는 말이 아니라, 불교를 신봉하는 사람들이 하는 말이다.

이 끔찍한 불경과 모독의 마인드는 일회적인 일탈도 아니다. 선의 역사를 관통하는 전통이다. 선사들은 불상을 끌어내 태우기도 하고, 붓다를 지극히 더러운 사물에 비유하기도 한다. 누군가는 붓다를 만나면 붓다를, 조사를 만나면 조사를 죽이라는 극언도 서슴지 않았다.

선사들은 모든 원칙과 고정관념의 파괴를 꿈꾸었다. 붓다와 조사뿐 아니었다. 화석화된 진리의 말, 생명력을 상실한 구도의 방법에 대해서도 선사들은 강하게 반발했다. 실상을 은폐하는 모든 베일을 시원하게 떨쳐냈다. 객관과 전통의 탈을 쓴 모든 구석을 날려버리고자 했다.

모든 것이 나로부터, 나의 마음으로부터 시작하기 때문이었다. 일상에서 살아 움직이는 나를 빼놓고는 진리도 붓다도 없다는 사실을 직감했기에, 극악한 우상파괴에 나선 것이다. 나의 체험과 직관과 사유를 방해하는 모든 것을 삭제하고자 했다.

나를 얽어매고 있는 집착은 없는지 반성해보라. 나를 진흙 수렁에서 헤어나지 못하도록 부여잡고 있는 허위의식과 고정관념이 어떤 것인지 선사들의 문답에서 한번 찾아보자.

기왓장을 갈아서 거울을 만들려면

남악이 어느 날 기왓장 하나를 들고 절 뒤편으로 걸어갔다. 갑자기 주저앉더니 기왓장에 물을 적셔, 손에 집어든 다른 돌로 그 표면을 맹렬히 갈기 시작했다. 남악 혼자가 아니었다. 멀지 않은 곳에서 젊은 스님 한 명이 좌선을 하고 있던 중이었다. 그가 쪼르르 다가와 남악에게 물었다.

"기왓장을 갈아 무얼 하시려고요?"

"거울 만들려고."

"기왓장이 어떻게 거울이 됩니까?"

순진하게 물은 이는 수행 중이던 마조였다. 남악이 웃더니 마조에게 답했다.

"기왓장 간다고 거울 되는 게 아닌데, 좌선한다고 부처는 되겠느냐?"

남악南嶽 회양懷讓(677~744)은 육조 혜능의 수제자다. 혜능이 한때 남악에게 이런 말을 했다.

"인도의 반야다라(고승 달마의 스승이다!)가 예언하기를, 그대의 발밑에서 한 마리 말이 나와 천하의 사람들을 밟아죽일 것이라 했네."

후세 사람들은 '한 마리 말'이 바로 남악의 제자인 마조馬祖라고 확신한다. 혜능의 시대에 기틀을 다진 선은 실제로 혜능의 손孫 제자에 해당하는 마조를 거치며 중국에 확고하게 뿌리를 내렸다. 임제와 조주를 비롯한 중국의 걸출한 선승들이 모두 마조의 법맥에서 쏟아져 나온다.

그렇게 거침없는 행보로 한 시대를 풍미했던 선의 대가가 수행 시절, 스승에게 당하는 모습을 엿보는 것은 즐거운 일이다. 공안을 들여다보고 있으면 배시시, 웃음이 다 난다.

열혈남 마조는 언제나처럼 열심히, 정열적으로 수행 중이었던 것 같다. 절 경내로 들어가지도 않고, 절 뒤편 공터에 가부좌를 틀고서 진지하게 깨달음을 추구하고 있었던 걸 보면…….

그런데 한 노 선사가 다가오더니 멀지 않은 곳에 쭈그려 앉는다. 기왓장에 물을 적시고는 그 표면을 맹렬히 갈아낸다. 선사의 기이한 행동이 궁금하지 않을 도리 없다.

"도대체 뭐 하시는 건가요?"

"거울 만들고 있다네!"

태연하게 제시하는 불가능의 상황. 고수들만의 방책이다. 남악은 마조를 깨우치기 위해, 논리로는 다다를 수 없는 상황을 눈앞에 들어 보였다. 거울을 만들겠다면서, 맹렬히 기와를 갈아댔다.

우리가 아는 선의 대가 마조라면, 천하의 사람들을 밟아죽일 내공을 가진 마조였다면 그 즉시 깨우쳤을 것이다. 그러나 아직 순진하기만 한 이 수행승은 스승이 제시한 불가능의 기호가 도대체 어디를 가리키는지 알아채지 못하고 딴소리다.

"기왓장이 어떻게 거울이 되나요?"

훗날의 대가가 내보이는 천진난만함에 파안대소破顔大笑를 참을 길 없지만, 그 즐거움을 뒤로 하고 한번 생각해보자.

누가 됐든 일상에 대한 점검을 게을리 하고, 저마다 세운 꿈과 목표에 대해 반성하지 않으면, 젊은 마조의 굴레에 언제라도 빠질 수밖에 없다는 점을 인정해야 한다. 좌선은 그저 낡은 경지를 깨고 새로운 경지로 진입하기 위한 수행일 뿐인데, 수행 자체가 목적이 된다면 좌선은 굴레가 아닐까.

그 굴레를 탈피하기 위해, 우리는 때때로 내가 서 있는 자리가 어디인지 돌아봐야 한다. 그런 반성이 없으면 우리의 일거수일투족은 매번 헛걸음이 되고 만다. 일상의 노예가 되어, 마조의 굴레에 빠진다.

지금 즉시 점검해보라. 거울을 만들겠다면서 돌을 갈아대고 있는 것은 아닌가?

군더더기 다 버리고 곧장 핵심으로

임제가 어느 날 달마를 추모하는 탑 앞에 서게 되었다. 탑을
관리하던 스님이 물었다.

"붓다에게 먼저 절을 하시겠습니까, 달마 조사에게 먼저 절
을 하시겠습니까?"

"부처든 조사든 절 따위는 안하네!"

임제가 옷소매를 흔들며 사라졌다.

스님이 임제를 너무 몰라봤다.

"진정한 통찰을 얻고자 한다면 무엇보다 다른 이들에 의해
현혹되는 일이 없어야 한다. 정각正覺을 흐리는 사람을 만나거
든, 어디서든, 그가 누구든 재빨리 그를 제거하라. 붓다일지라도
죽여야 하며, 조사일지라도 죽여야 한다. 그가 나한이라도 죽일
것이며……."

붓다를 만나면 붓다를 죽이고, 조사를 만나면 조사를 죽여
라……. 그 유명한 '봉불살불 봉조살조逢佛殺佛 逢祖殺祖'의 단언
斷言이다. 불교 또는 선적 사유의 영원한 두 원천인 붓다와 달마
를 없애버리고 말겠다니, 사뭇 살벌하다.

이런 임제에게 "붓다에게 절하겠느냐, 달마에게 절하겠느

냐?"라니 번지수를 한참 잘못 짚었다. 임제가 "절 따위는 안하네!"라고 점잖게 응대를 하고 말았을지 그게 의문일 정도다.

과격성에서 임제臨濟 의현義玄(?~867)에겐 한참 못 미치지만 어느 종교에나 이 같은 우상 파괴는 있게 마련이다.

임제보다 조금 앞선 시기에, 저 멀리 지중해 권역의 동로마제국에서는 성상파괴주의자들이 득세했다. 그들은 물론 기독교도들이었는데, 예수의 형상을 포함해 종교적인 성격을 갖는 모든 이미지를 없애려고 했다.

인간의 정신사에서 빼놓지 않고 나타나는 이 우상파괴의 원인은 무엇일까? 그 원인은 우상파괴를 극단까지 끌고 간 임제에게서 다시 명명백백하게 찾아진다.

"붓다를 구하면 붓다를 잃고, 도를 구하면 도를 잃고, 조사를 구하면 조사를 잃느니라."

붓다를 죽이는 것은 진정한 붓다와 만나려는 욕심이고, 조사를 죽이는 것은 본래의 달마를 만나려는 욕심이다. 예수의 이미지를 없애려 했던 것은 진짜 예수를 보고 싶었기 때문이다.

그런 맥락에서 임제의 '살불살조殺佛殺祖'는 사안의 본질에 다가가려는 모든 시도에 적용할 만한 도구가 된다. 획기적인 변화를 이루려면 옛 선사들이 붓다를 죽이고, 달마를 죽이려던 심정으로 진입해 들어가야 한다. 핵심으로 곧장 다가가 모든 군더더기를 폐기하려 했던 그들의 시도를 배워야 한다.

그것은 과격한 일이지만, 과격해지지 않고 새로운 일이 이뤄지는 법은 없다. 패러다임을 바꾸는 원대한 성취를 계획하고 있다면, 과격해져야 한다. 붓다와 달마 따위는 거들떠보지도 않던 붓다와 달마의 계승자, 바로 그 임제처럼.

모르는 것은 모르는 것이다

혈기왕성한 용아가 취미에게 물었다.

"달마가 서쪽에서 온 까닭은 무엇입니까?"

취미가 답했다.

"선판禪板 좀 갖다 주게."

취미는 선판을 받자마자 그것으로 용아를 후려쳤다. 용아가 따졌다.

"칠 테면 치십시오. 그런다고 달마가 서쪽에서 온 뜻을 알 수는 없습니다."

용아는 다시 임제에게 질문했다.

"조사가 서쪽에서 온 뜻이 무엇입니까?"

"방석 좀 건네주게."

임제는 방석을 받자마자 그것으로 용아를 후려쳤다. 용아가 말했다.

"마음대로 때리십시오. 허나 조사가 서쪽에서 온 뜻은 거기에 없습니다."

취미翠微 무학無學(생몰 미상)과 임제, 더할 나위 없이 못된 선사들이 순진한 제자를 농락한다. 길거리의 누구나 물어볼 수 있는 방식으로 '조사서래의'를 거론한 용아龍兒의 상투성에 대해선 변명할 여지가 없으나, 그렇다고 제자를 저리 가지고 놀아서야……

취미는 참선하다 잠깐 쉴 때 기대는 선판을 가져오라 했고, 임제도 참선할 때의 필수품인 방석을 가져오라 했다. 가져오라 한 걸로 끝이 아니라, 선판과 방석으로 용아를 후려쳤다.

선판과 방석이 등장한 것은 물론, 달마의 9년 면벽, 그 오랜 좌선 때문이다. 언젠가 향림 선사도 달마의 9년 면벽을 내세워 제자를 무안하게 만든 적이 있지 않은가. 조사가 서쪽에서 온 연유를 묻는 질문에 향림은 "너무 오래 앉아 지쳤지!"란 얼토당토않은 말로 제자를 농락했다.

취미와 임제든 향림이든 누구도 수준을 문제 삼을 수 없는 대가들이다. 말로 제자를 비꼬고, 절집의 집기로 제자를 때렸으나 그도 괜한 일이었을 리는 없다.

달마가 서쪽에서 온 연유를 어찌 한두 마디 말로 따질 수 있겠는가? 또 아무리 훌륭한 말로 그것을 설명한들, 누구에게 도움이 되겠는가? 정말 중요한 것은 설명이 아니라, 체험을 통해 드러나게 마련이니……. 그리고 어쩌면 달마 서행西行의 깊은 뜻이, 스승과 제자의 즉각적이고 직접적인 대면에 자리하고 있을지도 모른다.

용아라는 젊은 수행자는 물론 혼날 만했고, 그가 애를 먹는 이 공안에 대한 대부분의 해설은 그래서인지 우호적이지 않다. 추상과 형이상학을 향해 괜한 헛발질을 하는 아마추어 초심자의 대표 격으로 그를 설명하고 있다.

그러나 개인적으로 1,700여 공안에 등장하는 숱한 인물들 중 용아만큼 매력적인 이를 알지 못한다. 슬그머니 다른 방식으로, 한 경지를 깨우쳐 주고자 한 스승들의 의도를 알아채지 못한 무명無明이야 그의 한계임이 분명하지만, 다른 수행자들처럼 주눅들거나 당황하지 않고, 즉각 항의하고 따져 묻는 그의 모습에서 무언가 남다른 게 느껴지기 때문이다.

그것은 바로 자신에 대한 솔직함이다.

'모르는 것은 모르는 것이다!'

그 솔직함이야말로 모든 허위의식을 뚫고 깨달음의 세계로 나아가게 해주는 강력한 무기일 것이다.

선의 화두는 언제나 제자를 깨우쳐 주는 스승의 한마디에 방점을 두게 되지만, 용아와 취미·임제 사이에 벌어진 설전에서는 용아의 항의에 방점을 찍어도 될 것이란 생각이다. 자기 자신을 전혀 속이지 않은, 그 순진무구 때문이다. 그 어린애 같은 순진함을 빼고, 달리 무엇을 선의 지향으로 삼겠는가.

삶의 맥락은 노랫가락 속에도 있다

1959년, 그러니까 지금부터 반세기 전 안정애라는 가수가 '대전 부르스'를 처음 불렀다. 한참 후에 가왕歌王 조용필이 부르면서 크게 떴지만 안정애 씨가 불렀을 때도 이미 공전의 히트곡이었다 한다.

잘 있거라 나는 간다 이별의 말도 없이
떠나가는 새벽열차 대전발 영 시 오십 분

아마도 비둘기호였으리라. 세상 모두 잠든 고요한 밤, 완행열차는 대전을 출발해 목포로 가려 한다. 영원히 헤어지지 말자던

연인의 비장한 약속도 이것으로 끝이다. 이런 쓰라린 이별에 무슨 설명이 필요한가. 그냥 떠날 뿐이다. 그래서 다시 한 번…….

　잘 있거라 나는 간다 이별의 말도 없이

　그런데 중요한 것은 맥락이다. 이 짧은 문장이 조용필의 목소리와 '대전 부르스' 가사에서 튀어나오는 순간, 그 의미가 완전히 달라진다. 그런 생소함을, 이철수 선생의 1995년 작 목판화 '적멸'을 만났을 때 느꼈다.

　빠알간 단풍잎 하나가 화폭에선 보이지 않는 나뭇가지에서 떨어져 나와 슬며시 떨어지는 중이다. 홀연하고 아쉬움 없는 낙하다. '적멸'이라 했으니, 생사를 넘어서며 번뇌의 괴로움을 끊는 순간일 것이다. 입적이요, 열반이다. 그 단풍 아래로 다시 한 번…….

　잘 있거라 나는 간다 이별의 말도 없이…

　초행길인 사람에게도, 와본 적 있다는 사람에게도 구분 없이 "차나 한 잔!" 권하는 게 선禪의 방식이다. "어찌 다른 대답에 같은 반응을 보이시느냐?"라고 의아해 하는 이에게도 선사는 "차나 한 잔!"을 얘기할 뿐이다.

선의 대가와 마주한 자리에서 "차나 한 잔!"은 명동 커피숍의 "차나 한 잔!"과는 전혀 다른 의미를 획득하고, 그마저도 상황에 따라 천차만별의 경지를 환기시킨다.

개인적인 민감함 때문인지 모르지만 그 경험은 어느 정도 놀라웠다. 남녀의 이별을 노래한 '대전 부르스'의 가사 한 줄이, '적멸'의 순간을 어떤 고급스러운 문장보다 확실히 맛보게 해 준다는 사실이 놀라왔다. 떠나가는 완행열차에 올라탄 이의 "잘 있거라 나는 간다"와 막 생사를 초탈하려는 단풍잎의 "잘 있거라 나는 간다"는 어찌 그리 철저하게 다른 의미를 지니고 마는가?

맥락이 달라지면 그 안의 모든 것들은 다른 의미를 갖는다. 사는 것도 마찬가지여서, 삶의 맥락에 따라 우리들의 일거수일 투족은 전혀 다른 의미를 갖게 된다. 그러나 문제는 우리가 우리 자신의 삶이 어떤 맥락인지 파악하지 않고 산다는 것이다. 지금 내 생각과 행동의 의미는 저절로 주어지지 않는다. 우리가 우리의 삶 전체를 관조하려는 노력을 포기하는 순간, 그래서 삶의 맥락을 놓치는 순간 우리의 일상은 즉시 빛을 잃는다.

아무것도 모르는 듯 물어보기

한 수행자가 조주에게 물었다.

"개에게도 불성이 있습니까?"

조주가 말했다.

"없다!"

《열반경》에 보면 "뭇 중생은 모두 불성을 가지고 있다"라고 쓰여 있다. 일체중생 실유불성一切衆生 悉有佛性…….《열반경》의 이 선언은 예사로운 게 아니다. 붓다가 될 사람과 그렇지 못한 사람이 구분되어도 전혀 문제가 안 생기는 소승小乘에서와 달리, 모든 이들이 붓다가 될 수 있고 또 되어야 하는 대승大乘에서 '일체중생 실유불성'은 놓칠 수 없는 본질에 해당한다. 소승과 대승을 가르는 혁명적 선언이다.

'중생'은 또 무엇인가? 불교에서 중생이라 할 때, 사람만 이르지 않는다. 생명을 가진 모든 생물이 중생이다. 생각해보라. 불교적 맥락에서 인간과 동물 사이에 절대적인 차이가 있을 리 없다. 인간이 됐든, 동물이 됐든 그냥 윤회하는 영혼이 머무르는 하나의 상태일 뿐이다. 사람이나 동물은 그냥 일시적인 플랫폼이란 얘기다.

자, 그럼 명쾌해진다. 개에게도 불성은 있다. 그런데, 겁 없는 수행자 한 명이 불교의 근본 교리에 반기를 든다. '개에게도 불상이 있나요?' 몰라서 물었다고는 생각 말자. 단순히 무지無知 때문이라면, 논의의 대상이 아니니까. 그보다 불교의 수행자가, 불교의 본질을 이루는 한 명제에 대해 모를 리 없다고 보는 게 상식적이다. 그렇게 그는 대승의 근본 교리에 눈 딱 감고 의혹을 제기했다.

그런데 고불古佛이라 칭송받는 조주의 답변은 더욱 가관이다. '일체중생 실유불성'을 모를 리 없는 노선사의 답변은 딱 잘라 "무無"다. 개에게 불성 따위는 없다는 것이다. 의심은 증폭된다. 당연한 상황이다. 조주가 의심의 문을 활짝 열어 제치고 말았으니……

흔히 '구자무불성狗子無佛性'이라 줄여서 말하는('狗子'가 개다) 이 화두는, 화두 중에도 강력한 것으로 꼽힌다. 화두를 참구하는 간화선看話禪을 공식화한 송나라의 대선사 대혜大慧도 이 '무無'자 화두를 수행자를 깨치는 최고의 도구로 삼았다. 이 화두를 깨뜨리면 천만가지 의심이 사라질 것이란 얘기였다.

그러나 크게 의심하고, 그 큰 의심을 깨뜨리기 위해, 꼭 조주의 화두만 신주단지처럼 붙들 필요도 없다. 우리 삶의 행로에도 우리가 아무런 의심 없이 믿고 사는, 그러나 편견에 지나지 않는 상식들이 끝없이 펼쳐져 있다. 그리고 우리 삶이 때로 나무의 옹이처럼 경직되고 뒤틀리는 것은 그런 편견들 때문이다.

그 당연한 듯한 편견에 정면으로 도전해야 한다. 남들 다 알아도 자신은 모르는 것처럼, 정말 새까맣게 모르는 것처럼 묻는 것이다. 모든 생명에게 불성이 있다는 붓다의 면전에서 개의 불성을 다시 문제 삼듯 태연하게 물어보는 것이다.

지금 내 인생의 길이 정말 유일한 길일까? 내 삶은 과연 무엇일까? 나는 내 삶을 살고 있다고 할 수 있을까?

삶의 무게는 누구에게나 간단치 않다.

저마다의 방법으로 그 무게를 줄이기 위해,

또 내려놓기 위해 안간힘을 쓴다.

그러나 내려놓기 위해 애를 쓰는 '나'를 지속적으로 점검하지 않으면

또 다른 굴레가 발목을 잡는다.

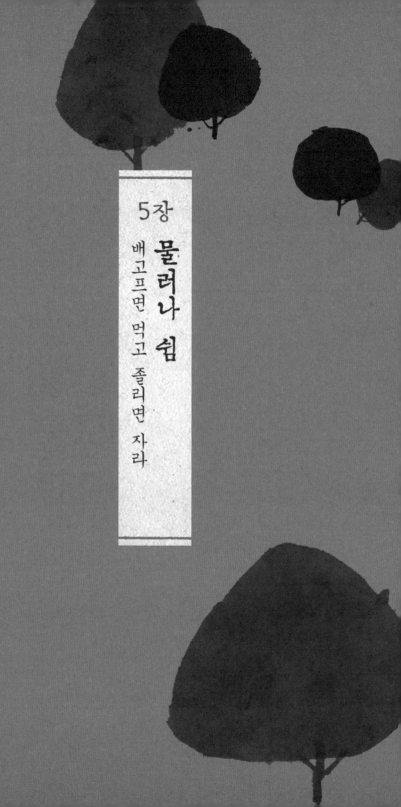

5장

물러나 쉼

배고프면 먹고 졸리면 자라

나아가려고만 하니 탈이 난다. 때로 곡선을 그리다가, 때론 아래로 곤두박질하다가, 그렇게 사인·코사인 곡선을 그리며 우회하기도 하는 게 삶인데, 똑바로 앞으로만 나가는 직선을 그으려 하니 골치가 아프다.

한두 사람의 일이 아니다. 지난 세기(20세기)에 발을 조금이라도 담근 한국 사람이라면 누구나 그랬다. 아직은 어리거나 젊은, 온전히 21세기만을 사는 사람들이라고 해도 큰 차이가 없을지 모른다.

전진하라, 나아가라, 두리번거리지 말고 다른 이들을 앞서라!

이게 지상 명제였다. 휴식과 후퇴와 우회는 그야말로 죄악이었다. 그렇게 살고 병이 안 날 리 없다. 이제는 수많은 이들이 도시에서 중소도시와 농촌으로 발길을 돌리고, 생활수준의 눈높이를 낮춰 그 질을 높이고자 한다. 치솟아 올라, 어떻게든 닿으려던 산 정상과 하늘 끝에 다시 눈을 두면, 아쉽기도 하고 허탈하기도 하다.

그러나 어찌하랴? 시행착오가 삶이고, 잦은 후회와 반성이 그 삶의 본질인 것을……. 맺힌 것을 풀고 또 풀어가는 게 사람 사는 일인 바에야…….

그리고 확실히 쉴 때가 됐다. 규격화된 정장을 훌훌 벗어던지고, 운동복 차림의 가벼운 산책과 소요를 즐길 때가 됐다. 한가로운 마음으로 삶의 긴장을 풀어줄 때도 됐다. 그 한가함의 대가들, 산중에서 안거하던 선사들의 자취를 좇아가 보자. 맺힌 것을 푸는 그들만의 방식을 감상해보자.

세속과 동떨어져 조용한 산 속에서 애초에 무슨 나아감이 있겠는가 싶지만, 그렇지도 않다. 깨달음 하나를 위해 용맹정진勇猛精進하며 치달리던 그들에게도 틀림없이 과속이 있게 마련이었다. 그들이 때때로 그들만의 일상을 벗 삼아 물러나고 쉬는 모습을 보며, 숨이라도 한번 돌려보라. 지극히 한가하게 펼쳐지는 그들만의 기묘한 궁리를 잠시 넋 놓고 바라만 보라!

물러날수록 멀리 보인다

하안거를 막 끝낸 스님이 운문에게 물었다.

"누가 앞으로의 계획을 묻는다면 어떻게 대답하는 게 좋을까요?"

운문이 답했다.

"모든 사람을 뒤로 물러서게 하라."

하안거夏安居라 하면 여름 한철(정확히는 음력 4월 보름에서 7월 보름까지), 스님들이 한곳에 머물면서 외부 출입을 완전히 끊고 참선 수행에 전념하는 것을 말한다.

처음엔 그렇게 목숨 건 수행의 장場까지는 아니었다. 인도에서 비롯된 행사인데, 우기雨期에 외출을 피하자는 목적이 강했다. 바깥에서 수행하기도 어렵거니와, 불편을 무릅쓰고 바깥에 나갔다 하더라도 비를 피하느라 초목과 벌레들을 다치게 하니, 비 많이 내리는 그 기간에는 아예 바깥출입을 삼가자는 취지였다.

원래 취지야 그랬지만 그야 옛날이야기인 것이고, 이후 선불교의 한 제도로서 정착된 안거는 그야말로 용맹정진의 시공간이었다. 수많은 수행자들이 안거를 통해 한 경지에 근접하고,

그 경지를 배회하고, 또 넘어서기도 했다. 그렇게 안거 기간 동안 불을 뿜던 선기禪氣를 그대로 간직하고 있었을 수행자가 운문을 찾았다. 그리고 호기롭게 묻는다.

"안거 이후의 계획에 대해 누가 물으면 어떻게 말하는 게 좋을까요?"

스님은 스승의 의중을 잠시 떠보면서도 마음속으론 안거의 경험을 추동력 삼은 비약을 생각하고 있었을 게다. 안거를 통해 주체할 수 없을 만큼 성장시킨 내공을, 중단 없이 선용할 수 있는 방법을 스승에게 듣고 싶었을 게다. 이제 어디를 향해 나아가야 하는지, 자신들이 알지 못하는 원대한 목표를 스승이 부여해주었으면 하고 바랐을 것이다.

그러나 찬물……

"모든 사람을 뒤로 물러서게 하라."

거장巨匠 운문은 전격 후퇴를 명했다.

앞으로 나아가려고만 하지 말라. 무턱대고 나아가기만 해서는 새로운 경지를 맛볼 수는 없다. 차라리 끝없이 양보하면서, 뒤로 물러나보라. 치열한 정진만 있는 게 아니라, 치열한 휴식도 있다. 가진 것 한번 다 버려보라. 다 버리고, 갈 수 있을 때까지 물러가다 보면 앞으로 나가는 중에는 보이지 않는 것들이 보이기 시작한다.

스승은 그렇게 주문했다.

운문의 전격적인 후퇴 명령이 아니었더라도, 한 번쯤 생각해볼만한 일이었다. 도대체 우리는 왜 앞으로 나아가려 하는가? 전진을 유발하는 동력의 90퍼센트 이상이 관성이란 사실은 잠시만의 숙고로도 알아챌 수 있다. 관성을 버리고 나면 전진과 후퇴가 나란히 선택의 대상이 된다.

송나라 때 임제종 계열의 선사인 계성繼成에게 한 스님이 물은 적이 있다.

"어떤 것이 향상일로向上一路입니까?"

계성은 "아래로 내려와야 그걸 알 수 있지!"라고 답했다.

올라가고 전진할 때는 눈에 띄지 않던 것들이, 내려가고 후퇴할 때는 보인다. 한번쯤 운문의 명을 따라 갈 수 있는 곳까지 뒤로 물러나와야 한다. 뒤로 물러날수록 시야는 넓게 트이는 법이다.

내려놓고 또 내려놓고

한 스님이 조주를 찾아와 물었다.

"저는 일체를 버리고 텅 비운 마음으로 이곳에 왔습니다."

조주가 말했다.

"내려놓게放下着!"

"네? 무얼 내려놓으란 말씀입니까?"

조주가 다시 말했다.

"그럼, 짊어지고 가든가着得去!"

말장난이 따로 없다. 내려놓으랬다가, 짊어지고 가랬다가……. 그러나 단순한 말장난으로 구석에다 치워 놓자니 뒷맛이 개운치 않다. 석연치는 않지만, 또 잔뜩 부조리해 보이지만 괜한 헛소리는 아닌 것 같기도 하다.

'내려놓다'란 말이 무엇인지부터 생각해보자. '내려놓다'란 표현은 왠지 크리스천, 특히 개신교 신자들의 소유로 느껴진다. 몇 년 전 선교사 한 분이 출간한 《내려놓음》이란 책이 처음엔 베스트셀러로, 나중엔 스테디셀러로 계속 인기를 얻었기 때문 아닐까 싶다. 성경의 유명한 구절을 보면, 확실히 기독교와 '내려놓음' 사이에 친근함이 느껴진다.

"수고하고 무거운 짐 진 자들아 다 내게로 오라. 내가 너희를 쉬게 하리라."(마태복음 11장 28절)

그러나 무거운 짐 지고 사는 게 크리스천들만은 아닌 바에야 '내려놓음'을 통한 구원도 기독교의 전유물일 수는 없을 것이다. '내려놓음'의 저작권을 강하게 주장하는 일부 크리스천들에게는 불손한 '물타기'로 보이겠지만, 선가에서도 '내려놓음'은 이미 오래전부터 공인받은 화두의 하나다. 인용한 대로 고불古佛로 추앙받는 조주 선사의 '방하착放下着'이 떡 하니 버티고 있지 않은가? '방하착'이 '내려下 놓으라放'라는 뜻이다(착着은 별 뜻 없이 동사 뒤에 붙어서 해당 문장을 명령형으로 만들어주는 어조사다).

에피소드를 다시 들여다보자. 내려놓으랬다가 곧바로 짊어지고 가라는 조주의 말은 그저 말장난일까?

조주를 찾은 스님이 과연 남김없이 내려놓았던 것인지부터 곰곰이 살펴봐야 할 것이다. 혹시 자신이 깨달았다는 그 믿음, 강한 자기 확신이야말로 진정 내려놓았어야 할 그 무엇인 것은 아닐까?

스님은 조주에게 큰 절 세 번을 올리고는 조용히 걸음을 물린다. 가르침의 고수高手로서 조주는 "방하착!"과 "착득거!"라는 단 두 마디 말로, 득의양양하게 자신을 찾아온 후학을 깊은 반성의 세계로 이끌어 갔다. 언뜻 무관심해 보이는 짧은 주문으로 아상我相과 자의식에 대한 뿌리 깊은 집착을 초월할 기회를 준 것이다.

삶의 무게는 누구에게나 간단치 않다. 저마다의 방법으로 그 무게를 줄이기 위해, 또 내려놓기 위해 안간힘을 쓴다. 그러나 내려놓기 위해 애를 쓰는 '나'를 지속적으로 점검하지 않으면 또 다른 굴레가 발목을 잡는다.

그런 의미에서 우리는 1,200년 전 선사 조주의 주문으로부터 얼마나 자유로운가? 모든 것을 내려놓겠다고 말하는 그 순간마저도, 짊어지고 갈 또 다른 짐들을 꾸리고 있는 것은 아닌가?

애쓰면 빗나간다

소요가 말했다.

"수많은 경전은 가리키는 손가락 같아

손가락 이끄는 대로 하늘의 달을 보다가,

달 지고 손가락 잊으면 한가하나니

배고프면 밥 먹고 졸리면 잠잔다네."

달을 가리키는데 달은 안 보고 왜 손가락을 보나?

좋은 말이긴 한데 내내 거슬렸다. 그 상투성 때문이다. 너무 많은 이들이 관용 어구처럼 인용하다보니, 생기를 잃어버린 속담처럼 싱거운 느낌이 되고 말았다. 예컨대 "강을 건넜으면 뗏목은 버리는 거지!"란 말을 들을 때의 느낌이다. 닳고 닳아, 그

안에 담긴 깊은 뜻과 묘미를 숙고할 기회를 빼앗는다. 마치 베토벤 교향곡 '운명'의 '빠빠빠 바~~ㅁ'을 듣는 그런 느낌이라고나 할까?

소요逍遙(1562~1649)는 조선 중기의 선사인데, 소요의 시 첫 두 줄은 모범생의 태도에 가깝다. 특별할 게 없다. 달을 가리키는 손가락은 경전일 뿐이니, 진정으로 쳐다봐야 할 것은 경전이 가리키는 깨달음의 내용이라 할 달이란 것이다. 상투적이지도 않지만, 별나지도 않다.

그러나 이어지는 문장에서 소요는 예상을 깬다. 달도 손가락도 한꺼번에 버린다. 달은 이미 졌으니, 달을 향하고 있던 손가락도 잊으라는 것이다. 붓다도, 조사도, 깨달음도, 깨달음에 이르는 길도 죄다 잊으라 한다. 그저 한가하게, 배고프면 밥이나 먹고 졸리면 잠이나 자라고 한다.

선은 매번 이런 식이다. 둘 중에 무얼 선택할까 고민하지 않는다. 양쪽을 단번에 넘어서버린다. 구분 자체를 뛰어넘는다. 허들 넘듯 안간힘을 쓰는 것도 아니다. 다리를 한껏 치켜들어 장애물을 넘는 대신, 힘 다 빼고 슬쩍 돌아갈 뿐이다. 그게 무엇이든 애를 써서 추구하지 말라는 투다. 애쓰면 고작해야 빗나간다고 말하는 것 같다.

과녁 앞에 선 궁사弓師들은 어깨의 긴장부터 푼다. 무릇 물에서 뜨려면 온몸의 힘을 빼야 한다. 무언가 의식하고, 무언가 추구하는 마음으로는 그 무언가에 쉽게 도달하지 못한다. 전후좌우의 사정과 욕심, 불안을 모두 가라앉혀야만 자신도 모르는 사이에 피안彼岸에 도달할 수 있다.

노자老子만 상선약수上善若水를 얘기할 수 있는 것은 아니다. 산 정상의 좁은 수원水源에서 광활한 바다로 흘러드는 물의 자유로움이 어찌 노자 한 사람만의 통찰 속에서만 빛나겠는가? 고집 세우지 않고, 계곡의 흐름에 자신을 맡기며 제 갈길 다 가고 마는 물의 모습은 모든 이들을 어렵지 않게 감화시킨다.

손가락뿐 아니라 달도 잊어야 한다. 무언가를 찾기 위해 애쓰는 대신, 지금 이 순간의 흐름에 나를 온전히 맡겨야 바다로 나갈 수 있다. 애쓰면 빗나간다.

단박에 푹 쉴 수 있는 방법

한 수행자가 용아에게 물었다.

"옛사람들은 무엇을 얻었기에 단박에 푹 쉬었습니까?"

용아가 딴 소리를 했다.

"솜씨 좋은 도둑 하나가 구중궁궐의 삼엄한 경비를 뚫고 천신만고 끝에 황제의 안방까지 들어갔네."

"그래서요?"

귀를 세우고 다가오는 수행자에게 용아가 중요한 비밀을 말

해주듯 속삭였다.

"그 방이 텅 비었더래."

오랫동안 찾아 헤매던 것을 발견하는 일도 좋지만, 그 오랜

방황이 무위無爲로 돌아가도 좋다.

보라!

용아는 취미와 임제 두 선사에게 '조사서래의'를 물었다가 판

자와 방석으로 얻어맞은 뒤에, "때리셔도 모르는 건 모르는 겁

니다!"라고 화끈하게 대들었던 그 용아龍牙 거둔居遁이다.

'거둔'이란 이름을 보면 수행자가 왜 뜬금없이 "단박에 푹 쉬

었느냐"라고 물은 연유를 그야말로 단박에 알 수 있으리라! '둔

遁'이란 한자어의 뜻이 달아나고, 끊고, 피하고, 숨고 하는 것들

이다. 세상을 버리고 숨는다는 은둔隱遁이란 말에도, 세상을 피

해 불교에 귀의하는 둔속遁俗이란 말에도 다 그 '둔'을 쓴다.

"옛사람들은 무엇을 얻었기에 단박에 푹 쉬었습니까?"란 질

문은 그러니까 용아의 이름에서 착안한 질문이다. 둘러말하긴

했으나 그 질문의 요지는, 깨달음은 무엇이고, 또 깨달음에 이

르는 길은 무엇이냐는 것이다. 세상 이치 알고 나면, 세상일에 부대끼는 게 아무래도 덜하게 마련이니까.

취미·임제에게 예상치 못한 방식으로 맞섰던 용아는 수행자에게도 쉽게 예상할 수 없는 에피소드를 하나 건넨다. 황제의 안방까지 파고들어간 솜씨 좋은 도둑 얘기다.

솜씨가 좋다 하더라도 황제의 안방까지 침투하는 것은 물론 쉬운 일이 아니란 점부터 확실히 해두어야겠다. 도둑은 아홉 겹의 궁궐 건물을 차례로 뚫어야 했다. 용아는 천신만고千辛萬苦, 즉 천 가지 매운 것과 만 가지 쓴 것에 그 어려움을 비유했다. 적절한 비유다.

그건 그렇고, 그래서 무엇을 말하고자 함인가?

아무리 뛰어난 근기根機로도 도달하기 어려운 게 깨달음이란 얘기겠다. 황제의 안방에 침투하는 것도 쉽지 않지만, 깨달음에 이르는 길은 그보다 백 배 더 맵고 천 배 더 고단한 행로가 될 것이란 사실을 미루어 짐작할 수 있다.

그런데 그렇게 어렵게 그곳에 도달한다고 상황이 끝나지는 않는다. 거미줄 같은 미로와 철벽같은 수비망을 뚫고 황궁의 심장부에 도달하면, 무언가 손에 확 잡히는 것이 분명 있을 줄 알았는데, 그렇지 않다는 것이다. 용아는 그 방에 무엇이 있다 하던가?

"텅 비었더래!"

기를 쓰고 찾아갔으나 정작 그곳엔 아무것도 없는 상황! 우리가 사는 세상도 사실은 그런 속내를 가진 건 아닐까?

생각해보라. 너나없이 삶을 통해 무언가를 찾고자 한다. 누구나 20년, 30년, 40년을 그리 산다. 황궁의 창고에서 보물을 찾아내 운세를 고치려는 도둑의 심정으로 수십 년을 달려간다. 돈을 좇고, 명예를 좇고, 권력을 좇고, 무언가 남다른 행복을 좇는다.

그러나 그 맹렬한 추구의 끝에는 별 게 없는 경우가 많다. 풍성하게 윤기를 내던 잎사귀들이 마른 낙엽으로 떨어지듯, 세상을 다 채울 듯 쏟아지던 눈이 땅에 닿자마자 녹아버리듯, 끝내는 대단한 무엇 하나 남기지 못하고 스러져 가는 게 삶이다.

어디 비밀스러운 곳으로 물러가 '단박에 푹 쉴 수 있는' 방법을 알고 싶던 수행자에게 용아는 누구에게나 해당될 삶의 본질적인 상황을 제시했다. 모든 욕망과 추구의 끝에는 아무것도 없다는 사실, 그렇게 아무것도 없는 텅 빈 상황을 비추어보고 나서야 비로소 쉴 수 있음을 얘기한 것이다.

재물을 추구하다 운 좋게 재물을 얻으면 그것도 괜찮은 일이다. 명예를 좇은 끝에 명예를 얻는다면 그것도 좋은 일이리라. 그러나 재물과 명예를 좇다 아무것도 얻어내지 못했다면, 그 허망한 곳에 삶의 궁극적 진리가 있을지도 모른다.

수행자는 처음 "무엇을 얻었기에 옛사람들이 그렇게 푹 쉴 수 있었느냐?" 물었다. 무엇을 얻으려는 대신, 텅 빈 황제의 방을 직관하라. 그렇게 욕망을 가라앉히고 난 연후, 단박에, 푹 쉬는 것은 어떤가.

마음이 없는데 불안은 어디 있나

혜가가 달마를 찾아갔다. 달마는 만나주지 않았다. 눈 속에서 사흘을 견디고, 자신의 왼팔까지 훼손한 후에야 혜가는 달마를 만났다. 혜가가 간청하듯 말했다.

"제 마음엔 평안이 없습니다. 부디 제 마음에 평화를 주십시오!"

"마음을 내놓아보게. 그러면 내 그것을 진정시켜 주겠네."

혜가는 잠시 침묵하다 말했다.

"마음을 찾을 수 없습니다."

달마가 말했다.

"내가 그대에 평안을 주었노라!"

'단비구법斷臂求法'이란 말로 줄여 전하는 공안이다. 팔을 끊어 법을 구한다니 얼마나 처절하고 결연한 광경인가? 흰 눈 위로 빨간 핏방울이 선연하게 아른거린다. 처연하기 그지없다. 달마의 존재 자체가 전설과 실재를 왔다 갔다 하는지라, 단비구법의 설화도 사실인지 미사여구인지 단정할 수 없지만 여하간 그 이미지는 강렬하고 또 강렬하다.

혜가慧可(487~593)는 달마의 법을 직접 이었다는 선의 제2조다. 달마를 만날 즈음, 혜가는 이미 서른에 육박하는 나이였다. 질풍노도의 시기 같은 것은 이미 넘긴 완숙한 성인이었다.

게다가 그는 폭넓은 공부를 한 당대의 지식인이었다. 젊어서 《노자》와 《장자》, 그리고 《공자》까지 공부했다는 기록이 남아 있기 때문이다. 그런데 《노자》와 《장자》, 《공자》를 섭렵한다는 것이 어디 쉬운 일인가? 불안하다는 그의 마음은, 그러니까 이리저리 흔들리는 청춘의 불안이나 질풍노도의 시기에 겪는 그런 고민이 아니었다. 지식인의 고뇌였거나, 지식으로도 어찌할 수 없는 번민과 근원적 불안감이었을 것이다.

그렇게 많은 공부를 한 이가, 동굴에서 면벽 중이던 서역 출신의 기이한 승려를 만났다. 팔까지 훼손한 마당에 숨길 게 무어 있나? 단도직입으로 요청한다. 제발 내 마음 좀 편하게 해주세요! 지식으로도, 이러저러한 세상 경험으로도 어쩔 수 없는 이 불안감을 해소시켜 달라 울며 부탁한다.

양 무제와 중국 남부에서 한판 한 이후 양쯔강을 건너와 내내 동굴에서 벽만 쳐다보던 달마는 그 절실한 질문에 어떤 답을 내놓았는가? 기상천외함과 파격으로 선의 역사에 기념비적으로 남은 답변이다.

"불안하다는 그 마음을 한번 내놓아보게!"

달마의 지침을 따라 마음을 찾던 혜가는, 그 마음이란 게 사실은 실체를 갖지 못했음을, 따라서 마음속 불안과 번뇌도 아무런 실체가 없음을 홀연히 깨닫는다.

달마의 동굴 수행은 확실히 헛일이 아니었던 것 같다. "마음을 내놓아보라!"라는 달마의 선언은 시대를 초월해, 선에 무지한 현대인에게도 그대로 적용될 수 있다는 사실이 첨단 과학의 맥락에서도 입증되기 때문이다. 뇌 과학에서 마음이란 것은 그저 얽히고설킨 수백만 신경 가닥의 네트워킹에 지나지 않는다. 그 신경 가닥들의 무질서한 커뮤니케이션을 독재하듯 통제하고 질서를 세우는 실체 같은 것은 발견되지 않았다. 마음은 전설의 눈으로도, 과학의 눈으로도 없다. 옛날에도 없었고, 지금도 없으며, 앞으로도 아마 없을 것이다.

없는 마음 때문에 괴로워하지 말라. 평안은 이미 와 있다, 마음 사라진 그 자리에.

천천히 그저 한가롭게

조주가 아직 어린 시절 당대 불교의 거물인 남전을 찾아갔다. 남전이 물었다.

"어디에서 왔느냐?"

"서상원瑞像院에서 왔습니다."

남전의 장난기가 동했다.

"그래, 상서로운 분瑞像은 좀 보았나?"

'서상'이란 말로 부처를 지목한 것이다. 조주가 침착하게 답했다.

"상서로운 모습은커녕 졸고 있는 여래를 보고 있을 뿐입니다."

남전이 자세를 바로 하고 물었다.

"자네는 스승이 있는가, 없는가?"

조주가 머리를 조아렸다.

"겨울이 깊고 날씨가 차니 스승은 존체를 보존하십시오."

법신法身이 있고, 색신色身이 있다. 예컨대 예수를 신인 동시에 인간이라 할 때, 신으로서의 예수는 법신이고, 인간으로서의 예수는 색신이다. 법신은 진리의 몸이고, 색신은 인간의 몸이다.

붓다도 마찬가지다. 형상으로 이뤄진 인간으로서의 몸이 있고, 형상에 의존하지 않는 진리로서의 몸이 있다. 색신과 법신이다. 인용된 에피소드는 장난스럽기 그지없지만 색신·법신의 문제를 곰곰이 생각하게 한다.

조주와 남전의 첫 만남. 추종을 불허하는 선의 스승 조주가 선가에 처음으로 모습을 드러내는 자리다. 고불 조주가 갖는 무게를 감안하면, 조촐하지만 역사적인 데뷔 장면이다.

그 의미에 비해 노 선사의 처음 태도는 장난스럽기만 하다. 훗날 대선사로 발돋움할 조주의 정체를 알 리 없었으니 당연히 그랬을 테지만, 남전은 말장난으로 첫 만남을 풀어간다. 절 이름에 들어가는 '서상瑞像'으로 붓다의 안부를 물어본다.

"상서로운 분을 보았는가?"

예리하고 민감한 조주는 선사가 별 뜻 없이 던진 질문을 법신에 대한 것으로 둔갑시키고, 재빨리 색신에 대한 얘기를 대립시킨다.

"상서로운 모습(법신)은커녕 졸고 있는 여래(색신)를 보았을 뿐입니다."

남전은 자세를 바로 한다. 그럴 수밖에 없었으리라. 자신의 두루뭉술한 질문을 아무렇지도 않은 듯 법신·색신의 구도로 바꿔 반격하는 이 어린 수행자를 어찌 계속 '졸고 있는 여래'의 모습으로 대하고 있을 것인가?

당황한 남전은 어린 수행자의 경지가 누구로부터 비롯한 것인지 궁금해 또 한 번 괜한 질문을 던지고 만다.

"도대체 스승이 누구인가?"

조주는 "존체를 보존하시라!"라는 거두절미去頭截尾의 대답으로, 이미 남전을 스승으로 모시고 있음을 밝힌다.

수도권 전철 1, 3, 5호선이 만나는 서울 종로 3가역에 내려, 종로2가 쪽으로 한 5분 후진하면 널찍한 탑골공원이다. 고려 때는 나라의 복을 비는 흥복사興福寺였고, 조선 전기엔, 지금은 원각사 10층 석탑의 자취로만 남은 원각사圓覺寺였다. 대한제국 시절 한 영국인이 설계로 거듭 나, 우리나라 최초의 도심공원이란 타이틀을 하나 더 거머쥐었다.

3개 노선의 지하철이 닿는 수도권 각처에서 몰려온 할아버지들이 이곳을 주로 점령한다. 그래서 '노인 공원'이라고도 불린다. 이곳을 찾은 노인들은 바둑과 장기로 소일한다. 개중에는 원색의 당사주 책 하나 펴놓고 사주와 주역을 논하는 이들도 있다. 그것도 아니면 그냥 존다.

행색으로 보아 여유 있어 보이는 노인들은 아닌데, 시간을 잊고 하루를 즐긴다. 마음을 관대하게 열면 2,000년 전 중국의 어느 강가에서 낚싯대 드리우고 세월을 낚던 강태공의 모습이 떠오르기도 한다. 세월을 낚는 그 삶의 기술이란…….

마지막으로, 수백 년 전 흥복사와 원각사, 그 고찰의 추억까지 가세하면 그들에게선 구도자의 모습이 잠깐씩 나타나기도 한다. 때론 열반에 든 붓다의 모습으로, 때론 화두 속에서 졸고 있는 여래의 모습이…….

어느 겨울 눈보라 치는 날, 입을 옷이 없어 추위에 떠는 한 사내가 있다 치자.

그에게 중요한 것은 옷감 몇 필일까, 아니면 붓다일까?

그런 상황에 처한 사내가 진정으로 갈구하는 것은 추상적인 진리나 붓다는 아닐 것이다.

6장
단순해지기

가벼움이 진지함을 이긴다

한동안, 명절 때면 TV에 등장하던 영화 중에 〈인디아나 존스〉라
고 있었다. 해리슨 포드라는 걸출한 배우가 고고학자(이 사람 이름
이 인디아나 존스!)로 나와 십계명, 성배 같은 고대 유물을 찾아다니
며 좌충우돌하는 영화다.

그 중 명장면이라 해야 하나. 영화의 플롯상 대단히 중요한 장
면은 아니지만, 지금도 가끔씩 혼자서 웃음을 머금게 하는 그런
장면이 있다. 영화 하는 사람들에게 나름 고전으로 분류되는 신
scene이다.

복잡한 시장통에서 덩치가 산만 한 인도인이 존스 박사를 앞
에 두고 현란한 칼춤을 한참 동안 선보인다. 힘과 기술을 함께
갖추고 있는 적이 오랜만에 나타났다. 지칠 대로 지친 존스가 상
대하기에는 아무래도 역부족으로 보인다. 포기하려는 것일까?
황망한 표정을 짓고 힘없이 고개를 숙이던 존스 박사…… 무심

하게 총을 꺼내 들더니 '탕~!'

허망한 승부다.

복잡한 모든 설명과 행동은 무지와 무능의 소산이다. 진정한 지혜는 번잡한 사변과 형이상학을 순식간에 무용지물로 만든다. 실전에서 아무리 현란하게 칼춤을 춰봐야 소용없다. 총 한 방이면 끝이다. 일상에서도 마찬가지다. 단순한 말 한 마디가 현학을 제압한다.

눈앞에서 수십 가지 초식을 어지럽게 펼치는 하수를 조용히, 단 한 수로 쓰러드리는 게 고수의 방식이다. 어지러운 말과 현란한 수사를 지극히 일상적인 언어, 그것도 딱 한 마디로 무색하게 하는 게 선사들이다.

보라! 따분해하는 붓다, 그리고 피로를 감당 못하는 달마의 어린애 같은 모습을. 호떡과 삼베 한 뭉치, 그 촌철寸鐵이 어떻게 진리를 가리키는 지침이 되는지.

답은 늘 단순한 곳에 있다

한 수행자가 향림에게 물었다.

"달마가 서쪽에서 온 뜻은 무엇입니까?"

향림이 답했다.

"너무 오래 앉아 있으면 피곤하지."

10년 전이었던가, 20년 전이었던가. 어느 겨울 대선 때, 한 대
선 후보는 시내 모처의 유명 수제비 식당을 찾았다. 나도 그 식
당을 같은 시간에 우연히 찾았다. 유명하긴 했지만 그냥 허름한
그런 식당이었다. 여느 때처럼 식당은 몹시 붐볐고, 이 후보는
홀 서빙을 하는 아주머니들을 집중적으로 공략했다. 하루하루
생계를 위해 분투하는 이들과 따뜻한 대화를 나누는 장면을 기
자들에게 노출시키고 싶었으리라. 그래서 정신없이 홀을 돌아
다니는 아주머니 한 분에게 친한 척 다가가 작심한 듯 말을 걸
었다.

"안녕하십니까? 저 대선 후보 ○○○입니다. 고생이 많
으⋯⋯."

아주머니는 그를 안쓰럽다는 듯 쳐다본다. 그리고 무심하고
냉정한 한마디.

"여기서 이러지 마시고, 문 바깥에 줄 서서 기다리세요."

향림香林 징원澄遠(908~987)의 공안을 볼 때마다, 그해 겨울 식당의 기억이 떠오른다. 천년의 시차를 두었지만 두 가지 에피소드는 너무 닮았다는 생각을 한다. 얼마나 통쾌한 얘기들인가.

진리? 너무 앉아 있으면 피곤한 거지!

대선? 새치기 말고 줄이나 서시지!

향림과 제자 사이의 이야기만큼이나, 그해 겨울 식당에서의 사연도 훌륭한 화두의 자격을 갖추고 있다. 질문은 간단했지만, 향림을 찾은 수행자는 속으로 대단히 많은 궁리를 했다.

달마는 진짜 왜 멀리서 중국까지 왔을까? 양 무제를 만난 자리에서 왜 성스러운 것 따위는 없다 말했을까? 수많은 보시가 공덕이 될 수 없다고, 황제를 자극한 이유는 무엇일까? 양쯔강을 건넌 뒤 왜 동굴에 들어가 처박혀야 했을까? 사람들도 만나지 않고 9년씩이나 동굴에서 벽만 바라보고 앉아 있던 행동에는 어떤 깊은 의미가 숨어 있을까? 그렇게 기이하고 파격적인 행동으로 그는 어떤 진리를 전하려 했던 것인가? 과연 붓다의 법을 전하기 위한 행동이었던 것은 맞을까?

이 복잡하고 형이상학적인 질문, 그래서 짧지만 현학적인 질문을, 향림은 한마디로 무력화한다.

"너무 오래 앉아 있으면 피곤하지!"

맥 풀리게 하는 농담이다. 달마 그 눈 파란 노인네, 9년 동안 좁은 동굴에서 좌선하고 있었다니 얼마나 피곤했겠는가? 그게 9년 면벽의 가장 직접적인 결과이지, 그 외에 다른 무엇이 있겠나?

현학을 깨는 일침. 머릿속으로 아무리 궁리를 해도, 깨달음 같은 건 나오지 않는다. 그저 단순하게 쳐다보라. 오래 앉아 있으면 몸이 저리다는 것! 그만큼 확실한 게 어디 있는가. 이 세상을 직접적으로 바라보고, 대면하며, 손으로 만져보지 않으면 아무것도 알 수 없다.

복잡한 생각과 화려한 수사를 당장 내던져라. 직접적인 체험, 그리고 주위 눈치 따위는 보지 않는 단순한 생각! 그게 거침없는 삶으로 향하는 통로다.

일 없으면 쉴 뿐

한 수행자가 운문에게 물었다.

"설법을 듣는 사람도, 설법을 할 일도 없을 때 뭣다라면 어떻게 했을까요?"

운문이 답했다.

"그야 아무 말 안했겠지."

싱거운 질문에 싱거운 답변으로 보이지만 '운문 도일설倒一說'이라 줄여 부르는, 널리 알려진 공안이다. 어떤 설법一說도 하지 않는다倒고 '도일설'이다. 운문은 '날마다 좋은 날日日是好日!' 화두로 유명한 그 운문이고, 운문종의 개조開祖다.

그런데 운문은 대단히 과격한 선사였다. 물론 그 깨달음과 가르침의 방식에서 과격했다는 얘기다. 예컨대 이런 얘기를 한 적도 있다.

"내가 당시에 그 장면을 목격했더라면 일격에 그를 죽여 그의 육신을 개먹이로나 주었을 것이다. 그랬으면 천하를 태평하게 하는 데 조금이라도 도움이 됐을텐데……."

'그'는 누구이고 '그 장면'은 누구일까? '그'는 바로 붓다다. 붓다는 이 세상에 태어나자마자 하늘과 땅을 가리키며 "천상천하 유아독존天上天下 唯我獨尊!"을 외쳤다. 자신, 그리고 결과적으로 모든 이들의 자존自尊을 촉구하는 혁명적 선언이었다. 이게 바로 '그 장면'이다.

그런데 붓다의 계승자일 수밖에 없는 대선사가 '그'와 역사적 '그 장면'에 끔찍할 만큼 노골적인 반감을 표시했다. 이게 무슨 일일까?

운문의 과격성은 어떠한 우상도 인정하지 않는다는 의미의 과격성이다. 그에게 깨달음을 방해하는 모든 권위는 '개먹이로 나 주어야 할' 그 무엇일 뿐이다. 운문에게는 그 누구도 특별하지 않다. 절대적인 깨달음 앞에서 모두 같은 존재들일 뿐이다.

자, 이제 다시 에피소드를 들여다보자.

운문을 찾은 수행자의 질문은 사실, 너무나 어이없는 질문이다. 얘기를 들을 사람도 없고, 얘기할 자리도 마련되지 않았는데 뭘 어떻게 하나? 얘기를 하지 않는 것이다. 얘기를 해봤자다. 그런데 수행자는, 인류의 큰 스승 붓다에게는 특별한 그 무엇이 있으리라 생각했다. 가르침이 불가능해진 상황에서도, 우리들이 예상치 못했던 기상천외한 가르침이 나오리라 생각했던 것이다.

그러나 잘못 걸렸다. 운문에게는 붓다도, 조사도 전혀 특별하지 않다. 그들의 특별한 권위를 인정해줄 아무런 이유가 없다. 그것은, 그것은 실제로 그들에게 특별한 아무것도 없기 때문이다. 깨달은 사람이란 특별한 사람이 아니라, 자신의 내면을 들여다보고, 자신에게 아무런 특별함이 없다는 사실을 알아버린 사람에 불과하기 때문이다. 그러니 운문의 답이 '도일설'일 밖에……

사실 "듣는 사람 없다며? 그럼 아무 얘기 안했겠지!"라는 설명도 사족이다. 에피소드에 그려진 상황을 찬찬히 한번 음미해보라.

붓다는 여느 날처럼 공양을 마치고, 식기를 정리한 후, 발을 정갈히 씻은 후 툭 트인 마당으로 나선다. 자신의 얘기를 들으려는 제자들이 모여 있을 것이다. 그러나 그 자리에는 아무도 없다. 석가는 마당을 휘익 한번 둘러본 후, 자신의 처소로 돌아온다. 그리고 쉰다.

아무 일도 없다, 정말 아무 일도 없다. 아무도, 아무 일도, 아무 얘기도, 아무 이유도 없는 그 공간……. 적멸이 어디 먼 곳에 있나.

심각해지면 곧 어려워진다

수행자가 운문에게 물었다.
"붓다와 조사를 뛰어넘는 한마디를 들려주십시오."
운문이 답했다.
"호떡!"

참으로 구수한 화두라 하겠다. 호떡 향이 가득하다. 유명세에 서야 조주의 '차 한 잔!'에 밀리는 듯 해보이지만, 기세의 맥락 에서라면 밀릴 일이 없어 보인다. 법을 묻는 이에게, 단 한마디 "호떡!"이라니. 과격한 우상파괴주의자 운문답다.

붓다와 조사를 뛰어넘는 '초불월조超佛越祖'의 상황은 수행자 들에게 매력적이고 그래서 그만큼 간절한 경지다. 임제가 천명 했듯 "붓다를 만나면 붓다를 죽이고, 조사를 만나면 조사를 죽 이고, 아라한을 만나면 아라한을 죽여야" 하는 게 선승들의 숙 명이다. 텅 빈 그 자리엔 어떤 권위도 발붙여선 안 된다.

그러나 붓다와 조사를 겨냥하는 바로 그 순간, 많은 이들이 붓다와 조사를 실체화하는 우를 범하는 것도 사실이다. 붓다와 조사를 섣부르게 넘으려다가, 그들에게 걸려 넘어지는 상황이 다. 누구보다 과격한 방식으로 일체의 권위를 부정했던 운문에 게 후학들의 그런 섣부름이 안 보일 리 없다. 그런데 그런 섣부 름은 지나친 열심과 진지함에서 비롯되는 경우가 많다.

운문은 그 진지함을 깨고 싶다. 그러기 위해…….

호떡!

호떡의 달콤한 향기 앞에서 붓다니 조사니 하는 것들은 연기 처럼 슬그머니 사라진다. 만약 수행자가 운문의 호떡 일격에 터 져 나오는 웃음을 참지 못했다면, 운문은 만족스러운 웃음을 보였을 것이다. 그러나 당황해 어쩔 줄 몰라 하거나, 호떡에 숨은 깊은 뜻을 찾으려 했다면 몽둥이 세례를 받았을 것이다.

하물며 진지하기만 해서야, 호떡 먹고 배부르면 그만인 일상을 어떻게 받아들일 수 있겠는가? 그곳이 바로 붓다와 조사를 훌쩍 뛰어넘어 있는 곳인데……

괜히 심각해지면 어려움에 부닥친다. 운문의 호떡으로 배 채우고, 조주의 차 한 잔으로 입가심하면 그것으로 더 오를 곳 없는 경지일 것이다.

이론은 그만하면 됐네

조주가 말했다.

"지극한 도는 어렵지 않네. 분별을 꺼리면 그만이야. 그러나 말을 조금이라도 내세우면 그게 분별이 되고, 확실한 것만 찾게 되지. 나는 확실한 것에도 머물지 않는다. 너희는 어떤가? 그런 걸 찾고 있는 것은 아닌가?"

한 제자가 비꼬듯 말했다.

"확실한 것에 머물려 하지 않는다면, 무얼 추구합니까?"

대화가 이어진다.

"나도 모른다."

"모르신다면서 아까는 왜 확실한 것에 머물지 않는다 하셨
습니까?"

조주가 말했다.

"이론은 그만하면 됐네. 절이나 하고 물러가시게."

다시 조주의 얘기다.

조주 고불은 원래 끝없이 흔연하고 쾌활한 사람이다. 100년
을 넘게 살면서 수많은 사람을 만났지만 강퍅함을 내보인 적은
거의 없다. 어떠한 지경에서도, 또 누구에게든 넓게 열려 있던
넉넉한 사람이었다. 예컨대, 한 스님이 다가와 도발하듯 "조주趙
州는 어떻습니까?"라고 물었을 때도 그랬다. 그의 선풍禪風에 대
해 묻는 질문이었다. 하지만 조주는 슬쩍 피해 갔다.

"동문, 서문, 남문, 북문이네."

조주는 조주 종심이 기거했던 지역의 이름이기도 했고, 조주
는 일부러 질문을 곡해했던 것이다. 조주는 언제나 그런 식이었
다. 유머러스하고, 열려 있고, 격의 없는 사람이었다. 그런데 이
번엔 좀 달라 보인다. 시니컬한 모습을 굳이 숨기는 대신 "이론
은 그만 하면 됐네"라며 후학을 물리고 있다. 조주 공안에서는
보기 힘든, 흔치 않은 풍경이다. 무언가 단단히 마음에 들지 않

았던 모양인데, 그것은 한편 후대의 사람으로서 다행한 일이기도 하다. 웬만해선 드러나지 않는 조주의 직설이 돌출하듯 튀어나온 순간이기 때문이다.

우선 조주의 일성一聲 "지극한 도는 어렵지 않네, 분별을 꺼리면 그만이야"에 대한 설명부터 해야 옳을 성 싶다. 한자로 쓰면 '지도무난至道無難 유혐간택惟嫌揀擇'이 된다. 달마·혜가·승찬의 법을 이어 선불교의 제4조가 되는 도신道信의 '신심명信心銘'에 등장하는 말이다. 조주의 공안에 여러 번 등장하는 것으로 보아, 조주가 선의 진수를 함축하는 말로 후학들에게 일렀을 법한 문장이다. 조주 선의 분위기를 잘 표현해주고 있기도 하다.

어쨌거나 조주는 제4조의 신심명을 인용하며, 한 제자에게 강설을 하는 중이다. 제발 말을 앞세워 분별에 빠지는 일을 삼가라! 그러나 분별을 피했다고 자신이 어떤 확실한 세계(아마도 깨달음의 경지)에 진입했다고 생각하는 우도 범해선 안 된다!

제자는 물고 늘어진다. 깨닫고도 깨달음의 경지에 머물지 않는다면 대체 왜 수행을 하느냐는 것이겠다.

"확실한 것에 머물려 하지 않는다면, 무얼 추구합니까?"

조주가 번잡스러운 설명을 해줄 리 만무하다. 그는 "모른다!"고 잡아떼지만, 제자는 계속 논리를 앞세운다. '아까는 무언가 대단한 게 있는 것처럼 확실한 것에도 머물지 않는다고 선언하

지 않으셨던가요?'

제자는 분별에 분별을 거듭한다. 세속의 삶과 깨달음의 경지
가 다른 무엇이 아닌데도, 제자는 계속 확실한 깨달음의 증거를
내놓으라 한다. 조주는 그날따라 논리적인 자신감에 가득 찬 이
제자의 모습을 받아주기 싫었던 것 같다. 아무리 답답한 상황에
서도 여유롭게 차 한 잔을 권할 뿐이던 조주가 정색을 했으니
말이다.

"이론은 그만! 이제쯤 절이나 하고 물러나시지!"

그렇다고 조주가 단순히 역정을 냈을 리야……. 조주는 제자
에게 "뒤돌아서서 방을 나가라!"며 동작을 지시한 건 아니다. 있
지도 않은 깨달음의 세계에서 일상의 세계로 복귀할 것을, 형이
상학적으로 명령한 것이다. "물러나라!"라는 말은 그러니까 "분
별을 삼가라!"라는 말의 동어반복이다.

그러나 정말 "이론은 그만!" 해도 좋을 것 같다. 깨달음의 세
계니 일상의 세계니 하는 말도 뜬구름이다. 조주의 말을 그냥
일상의 언어로 이해하자. 나와 당신은 오늘도 괜한 이론들로 일
상을 번잡하게 하지는 않았던가. 논리와 합리를 내세워 상대를
압박하지 않았는가. 그랬다면 잠시 물러나야 한다. 고개 숙이고
뒷걸음질 쳐야 한다. 그런 후퇴와 침묵 속에, 진정한 삶의 방편
이 있다. 이론에는 없는 길이…….

진정으로 절실한가

한 수행자가 동산에게 물었다.

"붓다란 어떤 겁니까?"

동산이 답했다.

"삼베 세 근이지!"

가히 붓다의 수난이라 할만하다. 선이라는 불교의 한 분파가 희한한 것은, 자신들의 원류인 붓다를 무슨 장난감 다루듯 한다는 사실이다. 붓다에 대한 질문에 선사 동산은 '삼베 세 근'이라는 기상천외한 답변을 내놓고 말았다.

상상해보라. 예수나 마호메트가 어떤 인물이냐고 물었는데, "면 200그램이오!" "실크 3킬로그램이지요!"라 답하는 경우다. 불경스럽기 짝이 없다. 하긴, "붓다가 무엇이냐?"라는 질문에 "똥 치우는 막대기乾屎厥(간시궐)"라고 답한 선사도 있었으니, 삼베 세 근 정도면 아주 고상한 수준이라 하겠다.

그나저나 '삼베 세 근'이란 말이 왜 튀어나왔는지 살펴봐야겠다. 일반적인 해설을 참고하자면, 삼베는 스님들의 옷을 만드는 데 이용했던 재료다. 당시 승복 한 벌을 만들려면 삼베 옷감 세 근이 필요했다는 것이다.

그렇게 마련한 옷 한 벌이면 상당한 기간을 입었을 것이다. 삼베 세 근은 붓다를 폄하하는 말도 아닌 셈이다. 일상을 영위하는 데 필수적인 재료였으니 말이다. 삼베 세 근은 정상적인 일상에 필수불가결한 아주 중요한 물건인 것은 확실하다.

한발 더 나아가 혹시 삼베 세 근이 붓다보다 귀한 존재일 수는 없는 것인지 따져보자.

질문을 던진 수행자에게 붓다는 어떤 존재였을까? 수행자는 진리를 찾는 중이었고, 붓다에 대해 물은 것은 사실상 진리의 소재에 대해 물은 것이었다. 붓다는 수행자에게 진리와 동의어이니까.

그런데 만약 어느 겨울 눈보라 치는 날, 입을 옷이 없어 추위에 떨고 있는 한 사내가 있다 치자. 그에게 중요한 것은 옷을 해 입을 수 있는 몇 필의 옷감일까, 아니면 진리의 화신인 붓다일까? 그런 상황에 처한 사내가 진정으로 갈구하는 것은 몇 필의 옷감이지, 추상적인 진리나 붓다는 아닐 것이다.

많은 이들이 열망하고 희구하는 붓다가 삼베 세 근보다도 못한 존재라고 말해서는 물론 안 될 것이다. 그러나 추상적이고 관념적인 붓다일 뿐이라면, 삼베 세 근의 중요성을 따라가지 못한다. 열망하는 이의 가슴속에서 살아 숨 쉬는 붓다일 때에만, 비로소 사람 몸을 덥혀 줄 삼베를 능가하게 된다.

문제는 대부분의 경우, 머릿속으로만 붓다를 생각한다는 것이다. 화두를 참구할 때, "어미 닭이 병아리를 품듯, 며칠 굶은 고양이가 쥐를 좇듯 하라"라는 얘기들을 한다. 절실하게 갈구해야 새로운 경지가 열릴 가능성이 생긴다는 얘기다.

"붓다가 무엇이냐?"라고 물으면서, 수행자는 과연 어미 닭만큼, 허기진 고양이만큼, 그리고 헐벗은 상태로 삼베 세 근을 바라는 사람만큼 절박하게 붓다를 마음속에 품었던 것일까? 그게 아니라면 삼베 세 근과의 비교도 감지덕지다. 아무리 중요한 것이라도 절실하게 원하지 않으면, 그건 허상일 뿐이다.

행복도, 진리도, 깨달음도 멀리 있지 않다. 바로 지금 이 자리
에서 내는 마음이 그대로 도다. 천국은 항상 내 발 밑에 있다.
그 자리에서 내고 있는 일상의 마음, 그 평상심 외에 다른 비밀
스러운 무엇인가를 찾으려는 시도는 언제나 실패다.

7장
삶의 비밀

내 발밑이 천국이다

봄기운 만연한 숲길을 가는 중이다. 문득, 숲을 채운 꽃과 나무들에 대해 알고 싶다. 어떻게 해야 하나. 걸음을 멈추고 주위에 널린 꽃과 나무를 만지면 그만이다. 향기를 맡고, 질감을 느끼고, 아름다움에 넋을 잃어주면 그만이다.

책을 펼쳐 나무의 계통을 살피고, 백과사전을 뒤져 꽃말에 얽힌 사연을 찾아낸다고 숲에 대해서 알지는 못한다. 상징과 의미에 집착할수록 꽃도, 나무도 사라진다.

세상은 아무것도 숨길 생각이 없다. 나의 욕망과 이해와 허세가 세상의 존재들을 암호로 둔갑시키고 추상기호로 바꾸어버린다. 내가 헛된 마음을 버리면, 암호와 추상도 사라진다. 연기처럼.

세상은 추상화가 아니라 구상화다. 축약된 시가 아니라 유장하게 펼쳐지는 산문이다. 실재하는지 알 수도 없는 목적지를 향해 수렴해가는 존재들의 일사불란이 아니라, 자유롭게 제 갈 길을 가는 존재들의 난장이다.

아무것도 숨기지 않고, 아무것도 감추지 않는 세상……. 사람이 그 세상에 비밀의 베일을 친다. 자체로 명명백백한 세상을 난해하게 만들어 시야를 흐리는 것도 우리다.

선사들의 발걸음을 따라가 보자. 언제나 꽃향기 충만하고, 크고 작은 나무들 차별 없이 어울린 본래의 풍경 속으로 발을 내딛어보자. 그곳이 우리가 사는 진짜 세상이다.

세상은 아무것도 숨기지 않는다

회당이 어느 날 유학자 한 명을 만났다. 유학자는 진지한 구도자이기도 했다. 한가로이 산사山寺를 산책하던 중, 유학자는 깨달음에 이르는 지름길을 알려 달라고 회당을 졸랐다. 회당이 대답 대신 유학자에게 물었다.

"공자께서 '그대들에게 내가 무엇을 숨긴다고 생각하는가? 나는 아무것도 숨기지 않네'라고 말씀하셨네. 그게 어떤 의미인가?"

당대 최고급의 유학자였음에도, 그는 말문이 막혀 어쩔 줄 몰라 한다. 그들이 걷던 길 주변에는 꽃이 흐드러져 있었는데, 그때 문득 잔잔한 바람이 불더니 치자꽃 향기가 퍼진다. 회당이 다시 물었다.

"치자 향기를 맡고 있는가?

"맡고 있습니다."

"내가 그대에게 숨기는 것이 없네."

치자 향 가득한 곳에서 노선사와 유학자가 만났다. 동양의 고전《논어論語》가 등장한다. 등장하는 그 순간, 꽃향기에 파묻히고 만다. 논리도 지식도 없다. 천지에 꽃향기뿐이다.

회당은 임제종 황룡파의 회당晦堂 조심祖心(1025~1100)이고, 유학자는 시인으로도 이름 높았던 황정견黃庭堅(1045~1105)이다. 둘 다 북송 때 사람들이다. 두 사람이 죽고 얼마 안 있어, 중국은 남송 시대로 접어드는데, 그 시대는 알려진 그대로 성리학의 전성시대다. 주희라는 걸출한 천재가 나와 사상계를 평정했던 시기다. 오랜 역사의 불교마저 주희의 성리학에 흡수 통합되는 그런 시절이었다.

조심과 황정견이 대화를 나누던 시기는 그러니까, 힘을 잃기 직전의 불교가 그 사상적 난숙함을 절정까지 밀어올렸던 시기였다. 인용한 화두에서처럼 유학의 최고 경전인《논어》마저 선적禪的으로 풀이되던 시절이었다.

회당이 제시한《논어》의 문구는 '술이述而'편에 나온다.

二三子以我爲隱乎? 吾無隱乎爾(이삼자이아위은호? 오무은호이)

뜻은 인용에 등장한 그대로다. 공자는 제자들에게 "그대들에게 내가 무엇을 숨긴다고 생각하는가?"라 물었고 "나는 아무것도 숨기지 않는다"라고 자답했다. 불교의 근본 종지를 알려달라는 유학자에게, 선사는 난데없이 공자 말씀을 들이밀었으나 유학자는 진의를 이해하지 못한다.

난감해 하는 유학자에게 선사는 더욱 난감한 질문을 던진다. 꽃향기가 나느냐는 것이다. 고도의 지적인 대화를 나누는 와중에 이리 황당한 질문을? 그래도 유학자는 성심껏 "꽃향기를 맡고 있다"고 대답한다.

이어지는 회당의 한마디.

"내가 그대에게 숨기는 것이 없네."

유학자는 할 말이 없다. 깨달음에 이르는 길이 어디 비밀스러운 곳에 숨어 있던 적이 있던가? 그 길은 누구에게나, 언제나 시원하게 드러나 있다. 내가 바로 붓다인데, 그 붓다에 이르는 길이 감추어져 있을 리가 없지 않은가? 하물며 질문을 던지고 있는 유학자가 애지중지하며 매일 독송하는 《논어》의 행간에도 그 길은 환하고 버젓하다. 그러나 유학의 대가가 그것을 알아채지 못했으니 선사로서는 얼마나 안타까운 일이었을까?

많은 사람들이 피안彼岸을 꿈꾼다. 이곳의 번뇌를 떨치고 저곳으로 가고자 한다. 그곳 피안은 어떤 곳일까? 광대무변한 무색무취 속에 적멸이 펼쳐지는 공간일까?

그 무한한 적멸의 공간 어딘가에서 신선하고 이국적인 치자향 한 줄기, 홀연히 피어오를 것만 같다. 바로 지금, 이 자리에도 그 치자의 꽃향기 피어오르고 있을지도 모를 일이다.

비밀 속에 숨은 깨달음

청평이 취미에게 물었다.

"조사가 서쪽에서 오신 정확한 뜻이 무엇입니까?"

"사람이 없기를 기다렸다가 알려주겠네."

얼마 후 청평이 취미에게 다시 말을 걸었다.

"다들 가고 없습니다. 알려주십시오."

취미는 청평을 데리고 대나무 숲으로 갔다. 청평이 다시 청했다.

"아무도 없으니 알려주십시오."

취미가 말했다.

"보게. 이쪽 대나무는 큰데, 저쪽 것은 작지 않은가?"

청평은 청평淸平 영준令遵(845~919)이고 취미는 취미翠微 무학無學. 모두 당 말기의 선사들이다.

조사가 서쪽에서 오신 뜻을 묻고 난 뒤에 청평은 많이도 가슴을 졸였을 게다. 쉽게 가늠할 수 없는 답변으로 학인들의 말문을 막던 선사들과 달리 취미는 "사람이 없기를 기다렸다가 알려주겠다"라고 했다. 분명, 알려주겠다고 했다. 청평은 가슴이 뛰었을 것이다. 손에 잡히는 종지는 아니더라도, 스승이 무언가

단서는 주시지 않을까? 그런 마음이었을 것이다.

취미는 게다가 제자 청평을 어디론가 이끌고 가기까지 했다. 청량한 기운 가득한 대나무 숲에 두 사람이 당도했다. 청평은 무슨 생각을 했을까? 바람에 흔들려 잎으로 소리를 내면서도, 지나가는 바람을 붙잡는 법 없는 대나무의 무욕無慾에 대해 생각했을까? 아니면 어떤 상황에서도 꼿꼿한 대나무의 결기를 떠올렸을까?

그러나 "사람이 없기를 기다렸다가" 은밀히 보여준 취미의 비의는 싱겁기 그지없다.

"보이는가? 이쪽 대나무는 큰데, 저쪽 것은 작네!"

크고 작음, 무겁고 가벼움에 대한 분별과 그 분별에 대한 집착 내지 타파를 굳이 문제로 올릴 필요도 없다고 생각한다. 주목할 것은 오히려 청평의 호기심을 극대화한 취미의 노련한 수법이다.

취미는 사실상 보여줄 것이 아무것도 없었으면서도 "사람들 모두 사라져야" 알려줄 수 있다고 허풍을 쳤다. 그것은 물론 호사가의 허풍과는 차원이 다르다. 삶을 갑자기 변화시켜줄 비법 따위는 이 세상에 존재하지 않는다는 것을 보여주기 위한 일종의 교육지책으로 봐야 할 것이다. 충격과 깨달음의 강도를 높이기 위한, 사소하지만 마음 깊은 장치에 해당한다.

있지도 않은 비밀을 궁금해 하도록 분위기를 단단히 고조시
킨 뒤에 "네가 생각하는 비밀 따위는 없어!"라며 너털웃음을 터
뜨렸다. 얄밉고 또 고마운 일이다.

육조 혜능은 홍인으로부터 선의 적통 계승자임을 인가받고
도망치듯 황매산을 떠났다. 그러나 떠나고 나서도 거센 추격을
당해야 했다. 저 멀리 달마로부터 이어져 온 진리의 법통과 그
상징인 가사袈裟가, 족보를 알 수 없는 남녘 오랑캐(혜능)에게 전
달된 것을 뒤늦게 안 제자들이 그 젊은이를 뒤쫓아온 것이다.

혜능은 그 제자들 중 하나에게 붙잡혀, 달마로부터 내려온 근
본 종지를 내놓아야 목숨을 구할 수 있으리라는 협박을 받는다.
혜능은 "선과 악을 한꺼번에 버리라"라는 말로 그를 감화시켰
지만, 위기가 끝난 것은 아니었다. 추적자는 혜능에게만 전해졌
을 것이라 믿어지는 선의 은밀한 비밀을 추가로 요구한 것이다.
그때 혜능이 눈을 감고 조용히 답했다.

"비밀스러울 건 하나도 없소!"

세상에 비법 같은 것은 없다는 얘기다. 차라리, 눈 한번 질끈
감았다 떠보라. 만천하에 있는 그대로 속살을 드러낸 세상이 보
이지 않은가.

의심하면 놓친다

용담이 천황에게 말했다.

"제가 여기 들어온 이후 스승님으로부터 마음에 대해 중요한 가르침을 받은 적이 전혀 없습니다."

"자네가 온 이후, 마음에 관한 가르침을 게을리 한 적이 단 한 번도 없는데?"

제자가 다시 물었다.

"어떤 점에서 가르침을 주셨다는 말입니까?"

"자네가 차를 가져오면 마셨고, 밥을 차려오면 먹었고, 예를 표하면 머리를 숙였네. 어떤 점에서 내가 마음의 본질을 보이기를 소홀히 하였는가?

용담이 침묵했다.

"그 당장에 깨달아야지, 의심하고 생각하면 놓쳐버리는 것이네."

이 에피소드를 볼 때마다 눈 멀뚱멀뚱 뜬 채 순박한 표정으로 조심스럽게, 그러나 또박또박 스승에게 질문하고 있는 용담의 모습이 떠올라 슬쩍 웃고 만다.

용담은 가난한 어린 시절을 보내다 천황天皇 도오道惡의 문하로 들어왔다. 용담은 출가 전 떡을 팔며 가족들의 생계를 이어나갔는데, 천황이 딱한 사정을 보다 못해 이들을 사찰 소유의 조그만 오두막에 묵도록 해주었다는 것이다.

그때 어린 용담의 답례가 무엇이었는가 하면, 바로 떡 열 개였다. 용담은 하루도 빼지 않고 떡 열 개씩을 챙겨 천황에게 갖다 드렸다. 그러면 천황도 그 중 한 개씩을 매일 챙겨 용담에게 되돌려주었다고 한다. 선사와 소년과의 우정이 미묘하고 진기하다.

용담과 천황은 그런 사이었다. 그러니 용담이 천황을 얼마나 하늘 같이 떠받들었겠는가. 그래도 답답한 건 답답한 거다. 용담은 허드렛일만 하는 자신의 상황을 참다못해 "제자로 받아들이셨으면서 왜 가르침이라곤 주시지 않느냐"라고 따졌던 것이다. 그런데 스승은 의외의 답을 한다. 가르침을 게을리 한 적이 한 번도 없다는 것이다. 도대체 어떤 가르침을?

"차를 가져다주면 마셨고, 밥을 차려오면 먹었으며, 예를 표하면 머리를 숙이지 않았는가?"

그렇게 마음의 본질을 숨김없이, 수도 없이 내보였건만 어찌 가르침의 부재를 논하느냐는 꾸지람이었다.

용담은 침묵한다. 그러나 스승은 용담의 과묵과 겸양이 어떤 의미인지 알기에 다그치지 않고 친절한 설명을 곁들인다.

"의심하고 생각하면 놓치는 것이네!"

자신의 본성이 이리저리 돌아다니도록 자유롭게 놓아두라는 게 스승의 당부였다. 달리 대단한 깨달음을 바라지 말고 그저 평상심에 따르라는 것이었다.

그러고 보니, 스승이 이미 행동으로 보여준 가르침이 아니던가? 차를 내오면 차를 마셨고, 밥을 가져오면 밥을 먹었으며, 용담이 예를 갖추면 머리를 숙였다. 스승은 한 치의 오차도, 지연도 없이 자신의 마음자리를 부지런히 제자에게 내보이고 있었다.

이러쿵저러쿵 헛생각하지 않으면

조주가 스승 남전에게 물었다.

"어떤 것이 도道입니까?"

남전이 답했다.

"평상심이 도이니라."

남전과 조주의 평상심에 관한 문답을 볼 때마다 떠오르는 선시가 하나 있다.

종일토록 봄을 찾아 헤매었건만 봄은 보지 못하고
짚신이 닳도록 산 위의 구름만 밟고 다녔네.
뜰 앞에 돌아와 웃음 짓고 매화향기 맡으니
봄은 매화 가지에 이미 무르익어 있었던 것을.

행복도, 진리도, 깨달음도 멀리 있지 않다. 세상 끝까지 발품 팔아봐야 별 소득 없다. 바로 지금 이 자리에서 내는 마음이 그대로 도道다. 천국은 항상 내 발 밑에 있다. 그 자리에서 내고 있는 일상의 마음, 그 평상심 외에 다른 비밀스러운 무엇인가를 찾으려는 시도는 언제나 실패다.

조주는 스승 남전에게 받은 '평상심'의 키워드를, 자신의 긴 생애 동안 넓게 그리고 멀리까지 펼쳐 놓았다. "차나 한잔 하고 가라"라는 '끽다거喫茶去'의 화두, "진리를 알고 싶거든 뜰 앞의 잣나무를 보라"라던 '정전백수자'의 공안이 그렇게 모두 '평상심'의 가르침에서 나왔다.

남전과 조주의 이 공안이 실린 곳 중 하나는《무문관無門關》제19칙인데,《무문관》을 엮은 무문 혜개가 멋들어진 게송 하나를 붙여 놓았다.

봄엔 꽃 피고, 가을엔 달 뜨네

여름엔 서늘한 바람, 겨울엔 조용한 눈,

이러쿵저러쿵 헛걱정하지 않으면

그 인생 오래도록 좋은 계절인 것을…….

'전진성망全眞成妄 전망즉진全妄卽眞'이라 한다. 다른 무엇 아닌 진리가 그 모습을 펼쳐내면 그게 현실의 망령된 세계다. 반대로, 허황된 세계 전체가 통째로 진리다. 참과 거짓 모두 우리 일상을 벗어나지 못한다.

번뇌가 그대로 보리菩提요, 생사가 곧 열반이다. 봄의 꽃, 가을의 달, 여름의 바람, 겨울의 눈……. 그 외에 무엇이 있나? 지금 이 삶부터 오롯하게 탕진할 일이다.

일상의 틈 속으로 들어가니

경청이 현사에게 물었다.

"절에 들어와 열심히 수행한다고는 했지만 아직 모르겠습니다. 대체 선은 어디로 들어가야 합니까?"

현사의 답변이 뜬금없다.

"개울물 소리가 들리는가?"

경청이 귀를 세우며 대답한다.

"네, 잘 들립니다."

"그럼, 그리로 들어가면 되겠네!"

그리로 들어가면 되겠다니!

참 얄미운 말이다. 몹시도 진지하게 수행의 방법을 묻는 이에게, 뜬금없이 개울물 소리에 집중하라더니 아예 그 속으로 들어가라니. 만약 함박눈 내리는 겨울이었다면, 그 눈 사이로 들어가라 했을 것이다. 비 쏟아지는 날이었다면, 빗소리 속으로 들어가라 했을 테고, 밤하늘에 유난히 별 밝은 어느 날이었다면, 별빛 속으로 들어가라 하지 않았을까?

장난스러워 보이지만 현사玄沙 사비師備(835~908)도 다른 선사들과 같이 진중한 수행자일 뿐이다. 서른 살에 뒤늦게 출가해 수행했는데, 수행 초기에 먹고 입는 것을 엄중하게 절제하면서 극단적인 고행에 몰두했다는 것이다. 설봉 의존의 문하인데, 《능엄경楞嚴經》을 읽다가 깨달았다 한다.

그나저나 개울물 소리 들리는 곳이 어디인가?

경청鏡淸 도부道怤(868~937)가 즉각 "잘 들린다" 대답한 걸 보면 그곳이 후미지거나 외진 데는 아니었을 것이다. 개울물 소리가 들리는 곳은 그러니까 아마도, 아무데나 일 것이다. 그냥 어떤 이가 서 있는 바로 그 자리, 전혀 특별하지 않은 자리…….

앞서 얘기했지만, 개울이 아니더라도 현사는 함박눈과 비와 밤하늘의 별이라는 또 다른 미끼를 내밀었으리라. 개울과 눈과 비와 별은 대단히 특별한 장소에서만 볼 수 있는 것들이 아니다. 어쩌면 그곳은 일상의 어느 지점이긴 하나 일종의 균열이 생긴 곳, 말하자면 갑작스럽게 생겨난 생활의 틈 같은 것일 수도 있으리라.

평온한 일상이 내내 지속되지는 않는다. 사람들은 시시때때로 자신에 대해, 자신의 삶에 대해 문득 낯선 생각을 품게 되고 회의도 한다. 개울물 소리가 들리는 순간은, 바로 그렇게 막 회의가 시작되는 순간의 비유일 수도 있다.

때를 놓치지 말고 회의가 이는 그 순간 속으로 곧장 들어가야 한다. 전격적인 진입이어야 한다. 약간이라도 늦추면 그 문은 닫히고 만다. 범죄 현장을 급습하듯 지극히 민첩하게, 막 일기 시작한 회의 속으로 진입해야 한다. 그 순간은 번개 치는 찰라마냥 극히 짧아 금방 사라지지만, 들어가기만 하면 나를 통째로 바꿔줄 묘약을 만날 수 있다. 회의가 생생할수록 변화의 폭도 크다.

장난스러워 보이는 스승 현사의 얘기는 이 정도만. 그보다, 젊은 날 "선을 어디로 해서 들어갈까?" 진지하게 고민했던 경청의 얘기를 하나 더 하고 넘어가자. 경청 도부가 나중에 제자들을 가르치게 됐을 때 얘기다. 그 과정에서 경청은 '소리'를 적극 활용했다.

경청은 어느 날인가 한 제자에게 "문 밖에서 들리는 게 무슨 소리냐?" 물었다. 제자가 "빗방울 소리입니다"라 하자, 경청은 "너는 빗방울 소리에 사로잡혀 있구나!"라 즉각 꼬집었다.

선사들도 젊은 날의 인연을 어찌 못하는가 보다.

발 내딛는 곳마다 길이 되고

혜개가 말했다.
"대도大道는 무문無門으로
천 가지 다른 길이 있나니,
이 관문을 통과한다면
우주 속에서 홀로 걸을 수 있으리."

600여 년 전 태조 이성계의 측근들이 도읍을 정할 때만 해도 서울(한양)을 품듯 감싸 안았던 북한산이지만, 서울이 확장되면서 이제는 서울의 품에 안긴 형국이 됐다. 이러다보니 많은 사람들이 무슨 유행을 쫓듯 북한산에 올라간다.

서울의 동북쪽 우이와 수유에서도 오르지만, 잠시 서울의 중심 쪽으로 진입해 정릉이나 구기를 통해 오르기도 한다. 북서쪽으로 걸음을 돌려 구파발, 송추 쪽에서 치고 오르는 이들도 있다.

드나드는 데 있어 많고 적음이야 있겠지만 북한산 상부를 두른 산성에 뚫린 12개의 문들은 연중 붐빈다. 그중에는 대동문·대성문·대남문·대서문 등 으리으리한 것들도 있고, 용암문·위문 등 몇 개의 암문까지 소박하게 숨은 것들도 있다. 그러나 변하지 않는 것은, 대소와 경중에 관계없이 모두 북한산 정상으로 통한다는 점이다. 산이 크면 그렇게 문이 따로 없다. 사방팔방으로 문이 열린다.

대도大道도 무문無門이다. 큰 깨달음에 이르기 위해 어디 한두 개의 특정한 문만 지나가야 하는 것은 아니다. 천 가지, 만 가지 길이 열려, 마침내 무문이다.

선불교의 대표적 공안 48개를 한곳에 모아 놓고 《무문관》이라 이름 한 무문 혜개가 그 공안 모음의 서문에다가 붙인 글이 바로 대도무문의 변辯이다.

길이 없어 못가는 경우는 없다. 단 하나의 길만이 존재하는 경우도 없다. 목적지에 도달하기 위해 꼭 통과하도록 정해져 있는 문도 없다. 지금의 상황이 무엇이든 그걸 깨고 다른 곳으로 향하고자 한다면, 바로 그곳에서 발걸음을 떼면 된다. 그게 길을 트는 일이고, 문을 여는 행동이다.

그게 어디든, 작심하고 크고 높은 산 한번 올라가보라. 발을 내딛는 모든 곳이 길이 되고, 문이 된다. 발걸음 하나하나에 촉각을 세우고 걷다보면, 구름 깔린 아름다운 풍경이 불현듯 발 아래로 펼쳐지기도 한다. 우주 속에서 홀로 걷는 느낌이리라!

절벽에서 손을 놓고, 낭떠러지에서 발을 내딛기 전에

먼저 해야 할 게 죽을 각오다.

낡은 마음을 내던지는 것이다.

몸과 함께 절벽과 낭떠러지에 매달린 내 마음을 천 길 아래로 내던지면

새롭고 건강한 마음이 힘차게 밀고 들어오는 것이다.

8장 **한계 넘기**
낡은 마음을 내던져라

몇 년 전 사주명리四柱命理에 관한 책을 낸 적이 있다. 대단한 내공은 아니지만 책까지 내고 보니, 이런저런 상담을 청해오는 지인들이 있었다. 관심사는 언제나 미래다. 돈을 벌 수 있을까? 직장을 옮겨도 될까? 곧 결혼할 수 있을까?

얼치기 처방을 내놓곤 하지만, 묻는 그도 대답하는 나도 처방을 100퍼센트 믿지 않는다. 점占이란 원래 그런 것이다. 그보다, 허심탄회한 대화중에 생겨나는 위안과 다독임이 점의 본질 아닐까 한다. 그런 대화를 나누다보면, 지인들의 입에서 때늦은 후회와 회한이 튀어나오게 마련이다. 예컨대 이런 것들이다.

"옛날엔 안 그랬는데, 지금은 왜 이리 살까요?"

"그때 가졌던 것을 잘 지키기만 했어도……."

"저라는 사람은 도무지 달라지는 게 없어서……."

어제의 '나'와 오늘의 '나'가 같은 사람이라고 생각하니, 그런 후회를 한다. 참 부질없는 일이다. 어제의 나와 오늘의 나는 전혀 다른 사람이기 때문이다. 나는 매번 그때그때 새로운 나일 뿐, 같은 강물에 두 번 발을 담그지 못한다.

은유만은 아니다. 생물학 책을 들쳐보면 안다. 딱 석 달이면 한 사람을 이루는 세포들이 죄다 물갈이 된다. 시간을 이겨내며 줄기차게 똑같은 방식으로 존재하는 '나'는 사실은 없다.

세포는 그럴지 몰라도, 의식·마음은 다른 것 아니겠느냐 물을 수도 있다. 아이덴티티identity, 그 변하지 않는 자아는 끊임없이 태어나고 죽는 세포 따위와는 다르지 않겠느냐는 것이다.

그러나 뇌를 연구하는 이들의 얘기를 슬쩍이라도 한번 들어보라. 우리의 의식은 뇌 속, 수천억 개의 신경세포들이 컴퓨터의 플래시 메모리처럼 번쩍번쩍 순간적으로 소통하고 조합하며 만들어내는 풍경이다. 의식으로도 나의 일관성을 주장할 수는 없다.

그럼에도 불구하고 '어제의 나'와 '오늘의 나'와 '내일의 나'가 같다고 하는 미혹은 쉽게 떨구어지지 않는다. 의식적인 단절의 노력이 필요하다. 어떠한 노력인가?

끊임없이 일어나는 나의 '죽음'을 받아들여야 한다. 과거의 나, 화석화된 나, 사실은 망상 속에만 존재하는 '불변의 나', 신화일 뿐인 존재를 제거해야 한다.

보라! 선사들이 매일매일 자신을 죽이는 치열한 현장을.

크게 죽고 다시 산다

한 수행자가 노 선사에게 물었다.

"절벽에 매달려 있지만 곧 떨어질 듯합니다. 어떻게 할까요?"

"손을 놓게."

다른 수행자가 물었다.

"벼랑 끝에 간신히 버티고 서 있는 중입니다. 어떻게 합니까?"

"한 걸음 내딛게."

이런 공안은 없다. 일반인들에게도 어느 정도 익숙한 게송 또는 문장을 대화의 형식으로 구성했다. 없으면 만들면 된다. 자의적인 변통變通을 비난할 분들이 계실까? 정통이니 권위니 그런 것들에 애써 매달리지 않는 것, 그게 선의 참뜻이라 믿는다.

대화의 전반부는 '현애살수懸崖撒手'라는 문장에 근거한다. 송나라 때 야부冶父 도천道川이란 선사가 살았는데, 그의 게송 중한 부분이다. 문장 그대로 '매달린 절벽懸崖에서 손을 놓으라撒手'라는 뜻이다. 백범 김구 선생이 거사를 앞둔 윤봉길 의사에게이 게송을 인용했다는 사연이 있다. 일반인들에게까지 널리 알려진 까닭이다.

벼랑 끝에서 한 걸음 내딛으란 말은 '백척간두진일보百尺竿頭進一步'가 원전이다. 공안의 집대성이라 할 송나라 경덕景德(진종 황제 때 연호) 연간의 《전등록傳燈錄》에 나오는 말이다. 후에 주요 공안을 따로 모아 무문 혜개 선사가 편찬한 《무문관》에 그 뜻이 구체화되어 나타난다.

원전이 중요한 건 아니다. 그보다 "매달린 절벽에서 손을 놓으라!"라거나 "높은 낭떠러지에서 한 걸음 더 내딛으라!"라는, 황당한 말들은 다 무엇인가?

다른 뜻이 없다. 죽으라는 얘기다. 절벽에 애처롭게 매달리지 말고, 벼랑에서 애매한 자세로 궁색하게 견디고 있지도 말고 그냥 뛰어내리라는 얘기다.

그러나 말은 호방하나, 어렵사리 태어나 속하게 된 이 생애를 그렇게 허무하게 마쳐야 되겠는가? 아무리 애처롭고 궁색해도 나의 삶인데, 그런 삶을 포기해서야⋯⋯. 선사들은 도대체 무슨 허황된 자신감으로 이런 말을 하는가?

절벽에서 손을 놓고, 낭떠러지에서 발을 내딛기 전에 먼저 해야 할 게 죽을 각오다. '죽을 각오'라는 게 대체 무엇인가? 나의 낡은 마음을 내던지는 것이다. 몸과 함께 절벽과 낭떠러지에 매달린 내 마음, 그 구태의연한 마음을 버리는 일이다. 그 마음을 한번, 저 천 길 아래로 내던지면 그 빈 공간으로 새롭고 건강한 마음이 힘차게 밀고 들어오는 것이다.

충무공 이순신의 말을 많은 이들이 되뇐다.

필사즉생 필생즉사必死卽生 必生卽死.

죽고자 하면 반드시 살고, 살고자 하면 죽는다.

같은 뜻으로 훨씬 간결하고 명료한 말이 선가에도 있다.

대사각활大死却活.

크게 한번 죽었다가 홀연히 다시 살아난다는 얘기다. 애벌레가 껍질을 벗으며 나비가 되고, 이무기가 죽을 각오로 물을 한번 크게 박치고 나가면 용이 된다. 이런 게 바로 선사들이 얘기하는 '대사각활'의 경지다. 과거의 나, 뼈대만 남은 나를 절벽과 낭떠러지 아래로 내던져버리고, 새롭게 태어나는 경지다.

이런 경지가 어찌 불교만의 전유물이겠는가? 세상 모든 종교의 진리이기도 하다. 기독교 얘기를 잠깐 하면, 예수도 자신의 제자들에게 "나를 따르려거든 자신을 버리라"했고, 사도 바울도 "나는 매일 죽노라!" 했다. 모든 종교의 궁극적 가르침이 대사각활이요, 기존의 나, 과거의 자아로부터의 단절이다.

대사각활의 경지를 경험하는 것은 물론 예삿일이 아니다. 그런 단절의 경지로 쉽게 진입할 수 있다면 누구나 성인이 됐을 것이고, 누구나 붓다의 삶을 살고 있을 것이다. 그러나 그렇게

'크게 죽기' 어렵다고, 엉거주춤, 위태로운 절벽에 의지하고 있어서야 되겠는가?

날마다 펼쳐지는 일상 속에서, 작게라도 죽는 연습을 해야 한다. 자신이 너무 움츠리고 있다는 생각이 들면, 구습에 사로잡혀 있다는 생각이 들면, '현애살수'와 '백척간두진일보'를 떠올려 봄 직하다. 절벽에서 손을 놓고, 낭떠러지에서 한 걸음 내딛는, 그 무섭지만 장엄한 광경을…….

보름 이전은 생각하지 말라

운문의 법문을 듣기 위해, 제자들이 한자리에 모였다.

운문이 주장자拄杖子를 두드리자. 좌중이 조용해 졌다. 운문이 입을 열었다.

"보름 이전의 일에 대해서는 묻지 않겠다. 보름 이후의 일에 대해서만 한마디씩 해보라!"

침묵이 계속되자, 운문이 다시 입을 열었다.

"일일시호일日日是好日!"

수십 년 전 어느 여가수는 "한 많고 설움 많은 과거를 묻지 마세요"라고 흐느끼듯 노래했다. 사람들은 그에게 열광했다.

그러나 "묻지 않겠다"라고 되뇌어 놓고도 사람들은 과거에서 헤어나지 못한다. 추억이라는 이름으로, 회한이라는 이름으로 사람들은 자신의 과거를 쉬지 않고 호출한다. 실체 없는 과거로 현재의 발목을 잡고, 미래의 옷소매를 당긴다.

선사는 달을 내세워 그런 퇴행을 끊어내고자 한다. 과거(초승달)와 현재(보름달)와 미래(그믐달)를 끊임없이 반복하는 달을 가리키는 것만으로 단절의 효험을 보여주려 한다.

달은, 참으로 간단치 않다.

자연과 벗 삼던 시절, 달만큼 신기한 게 또 없었을 것이다. 매일매일 다른 모습으로 출몰하면서, 저 멀리 바닷물을 움직이고, 사람의 생체 리듬까지 원격 조정하는 듯했으니……. 태양처럼 거슬릴 정도로 강렬하지 않은 빛은, 한편으론 인간적인 따뜻함을 선사하면서 다른 한편, 우수와 비애를 담은 것처럼도 보였을 것이다.

달의 여러 가지 모습 중 선사들을 사로잡은 것은 단연 보름달이었다. 지극히 원만해 부족함이 없는 모습의 보름달……. 그 달은 천 개의 강에 비치고, 진리를 탐하는 이들의 손가락 끝에 걸리기도 했다. 보름달은 깨달음 자체였고, 눈 밝은 이는 보름달 전후의 사정을 한 눈에 꿰뚫어 보기도 했다.

운문도 그런 이들 중 한 명이다.

"보름 이전의 일에 대해서는 묻지 않겠다. 보름 이후의 일에 대해서만 한마디씩……."

수행 중인 선승들이 정기적으로 큰스님의 법문을 들으며 공부도 점검하고 분발심도 일으키는 자리를 '참參'이라 한다. 그런데 과거 선의 황금기에 이 참의 자리는, 싸움터를 방불케 하는 격렬한 논쟁의 장場이었다. 여러 곳에서 모인 선승들이 광기 어린 목소리로 질문을 해대고, 큰스님도 '할喝'과 '방棒'을 구사하며 그들을 응대했다. 모르는 사람이 보면 미친 사람들, 잔뜩 모여 대판 싸우고 있다고 말했을 것이다.

운문이 보름달에 대한 질문을 던졌던 곳도 아마 그런 참의 자리였을 것이다. 그러니까, 후끈 달아올라 저마다 광기를 내뿜고 있는 어리고 젊은 선승들을 말 한마디로 진정시킨 것이다. 좌중이 가라앉았다. 그러나 선승들은 운문의 뜻을 좇지 못했다. 어리둥절할 뿐이었다. 침묵이 계속됐다. 운문이 다시 나섰다. 딱 한 마디였다.

"일일시호일!"

날마다 좋은 날…….

보름달 전후, 사정은 180도 달라진다. 새로운 경지로 진입하는 순간, 하루하루 사람을 쥐락펴락하던 희로애락은 사라진다.

그러니 날마다 좋은 날이다. 보름 이후, 아무에게도 휘둘리지 않는 날들이 시작되는 것이다.

보름달은 완성만은 아니다. 단절이기도 하다. 보름달은 깨달음이기에 앞서, 운문의 질문에 등장하는 '보름의 전과 후'를 확연히 구분하게 해주는 강력한 상징이다. 보름달을 통해 과거와 미래는 단절된다.

단절이야말로 새로운 삶의 필수 조건인지 모른다. 과거와의 단절, 그것만으로도 어마어마한 일이다. 구습을 단번에 떨쳐낼 수 있다면, 그것만으로도 깨달음에 버금가는 대사건이다.

'한 경지'는 나중에 생각해도 좋으리라. 비수 같은 운문의 명령을 기억하며 지금까지의 '나'를 땅에 묻는 것만으로도 큰 얻음이 있을 것이다.

보름 이전의 일에 대해서는 더 이상 생각하지 말자. 보름 이후의 일에 대해서만!

죽을 것 같지만 죽지는 않는다

한 수행자가 동산에게 물었다.

"추위와 더위가 닥치면 어떻게 피합니까?"

동산이 답했다.

"추위도 더위도 없는 곳으로 가면 되지 않나?"

수행자가 다시 물었다.

"춥지도 덥지도 않은 그곳이 어디입니까?"

"추우면 너를 얼려 죽이고, 더우면 너를 쪄 죽이는 곳!"

20세기 초반까지만 해도 비행기가 초속 340미터를 넘겨서 날 수는 없다고 봤다. 초속 340미터는 소리의 속도인데, 이 속도보다 더 빠르게 날면 충격파 때문에 그 비행기가 파괴될 것으로 예상했다. 실제로는 안 그랬다. 1940년대 후반에 소리의 속도를 넘어섰는데, '소닉 붐sonic boom'이라는, 천둥소리 같은 폭발음이 발생하긴 했지만 큰 문제는 없었다.

지금이야 소리 속도의 2~3배까지도 날아다니지만, 그 땐 그랬다. 소리의 속도를 넘어서면 안 되는 줄 알았다. 그러나 그 한계를 넘어설 수 있었고, 그렇게 한계를 넘어서고 나면서 사람들은 자신들을 두렵게 하던 공포 하나를 무너뜨렸다.

절대적으로 깨질 것 같지 않게 견고한 영역이 있지만, 언젠가는 깨진다. 그리고 그 과정을 거치며 인간은 한층 더 자유로워진다. 예컨대 딱딱하고 견고할 것만 같은 물질세계에 대한 믿음도, 원자 단위 이하로 내려가면 여지없이 깨진다. 물질세계에 대한 기존의 믿음으로부터 자유로워지는 순간이다. 언제가 될지 모르지만 빛의 속도를 초월하게 되는 순간, 사람들은 시간으로부터도 자유로워질 것이다.

우리가 절대 넘을 수 없다고 믿는 한계선이 어느 영역에나 존재한다. 그러나 그 한계를 넘어서는 순간 새로운 세계가 펼쳐진다. 그것은 현실의 두꺼운 벽을 무너뜨리고, 우리가 일상이라 믿고 있던 세상을 단번에 넘어서는 일이다. 깨달음의 세계로 진입하는 것도 그와 비슷한 일이 아닐까?

계절에 따라 우리는 추위를 느끼기도 하고 더위를 느끼기도 한다. 그런데 동산을 찾은 수행자는 문득 궁금해졌다.

'추위에 떨고 더위에 힘겨운 이 일상은 불가피한 걸까?'

동산은 그런 게 어떻게 문제가 될 수 있느냐는 듯 아무렇지 않게 말한다.

"추위도 더위도 없는 곳으로 가면 되지 않나?"

뭐라고? 그런 곳이 있단 말인가? 말이야 쉽지. 하지만 그곳을 어떻게 찾고, 또 찾는다고 한들 어떻게 갈 수 있나?

추위와 더위가 사라진 곳은 어떤 장소가 아니다. 어느 곳에 서 있든 자신의 한계를 넘어서기만 하면 된다. 극한의 추위를 넘어서면 추위가 사라지고, 극한의 더위를 넘어서면 더위가 사라진다. 방법은 한 가지다. 극한의 추위와 극한의 더위에 몸을 내맡기는 것이다. 무엇도 겁내지 않고 현재 상황에 직면해 자신을 과감히 내던져야 한다.

죽을 것 같지만 죽지 않는다. 폭발할 줄 알았던 마하 속도의 비행기가 온전했던 것처럼 극한을 지나도 나는 살아남는다. '과거의 나'는 죽고, '현재의 나'가 모습을 드러낼 뿐이다. 빛을 따라잡고 나면 시간의 자유를 얻듯, 원자 수준 이하의 세계를 경험하면 견고한 물질의 강박에서 벗어나듯, 새로운 나는 상상할 수 없었던 경지로 진입하게 된다.

일상에서도 가끔씩, 도저히 견딜 수 없을 것 같은 상황이 엄습하는 게 사실이다. 그 상황을 온몸으로 받아들여보라! 지금껏 대충대충 견뎌왔다면, 한 번쯤 무방비 상태로 뭇매를 맞아보라. 어느 순간, 변덕스러운 추위와 더위로부터 자유로워진 자신을 발견하게 될 것이다.

진흙탕에서 빠져나오는 법

황벽이 말했다.

"티끌세상에서 초탈하는 것은 범상한 일이 아니다.

밧줄 끝을 단단히 잡고 온 힘을 기울여 덤벼들어라.

뼛속에 스며드는 추위를 겪지 않고서야

어찌 매화가 그 향기로 그대를 즐겁게 하리?"

황벽의 어록 모음 중에 《완릉록宛陵錄》이라는 문건이 있다. 당唐의 이름난 관리로 선에 심취해 황벽을 사사했던 배휴裴休 (791~870)가 정리한 문건이다. 인용된 선시는 그 《완릉록》의 대미를 장식하는 게송이다. 후미진 곳에 감추어진 시이기는 하나, 후에 많은 이들이 입에 올려 그리 낯설지도 않다.

핵심을 비껴가는 취향일 수 있겠지만, 게송을 보면서 대체 매화 향이 어떤 것인지 궁금해진다. 여러 사람의 얘기를 들어보면 매화 향이 확실히 예사롭지는 않은 모양이다.

"달은 천 번을 이지러져도 그대로이고, 매화는 한평생 추워도 향기를 팔지 않는다"라고 한 사람은 조선의 어느 문필가였다. 그러나 팔지 않을 뿐, 향기를 내보이는데 인색하지는 않은 게 매화다. 매화 향을 극진히 여기는 글쓴이의 심성이 드러난 것 정도로 보면 될 뿐이다. 어쨌거나 '매화는, 팔지 않으면서 어떻게 자신의 그 예사롭지 않은 향기를 내보이는가?

토해낸다.

"쌓인 눈 찬바람에 아름다운 향기를 토하는 것이 매화"라고 한 이는 근대의 탁월한 선사 만해(한용운, 1879~1944)였다. 세상

의 모든 풍경을 얼어붙게 하는 쌓인 눈과 찬바람 속에다가 '훅~'
한 줄기 아름다운 향기를 토해내는 매화의 모습을 상상해보라.
아찔하기도 한 광경이다.

　추위 속에서도 뽐내지 않는 모습으로 고귀한 향을 내뿜는 매
화……. 황벽은 그 풍경에서 무엇을 보았는가?

　지독한 번뇌와 아름다움을 동시에 봤다. 이 세상은 한바탕 진
흙탕이어서 빠져나오기가 쉽지 않다. 누군가 밧줄을 내어주기
라도 하면, 그걸 단단히 붙잡고 사생결단의 심정으로 버텨야 나
올까 말까 한 그런 곳이다. 그것은 한겨울 매화가 뼛속에 스며
드는 추위를 온몸으로 감당하는 형국이기도 하다. 시간이 흐른
다고 상황이 나아지지도 않는다. 시간이 가도 추위는 여전하다.
더 매서워질 뿐이다.

　그렇게 여전히 뼛속 깊이로 강렬한 추위를 감당하고 있던 매
화가 문득 한 줄기, 탄식 같은 향기를 토해낸다. 그 순간, 황벽
은 보여주고 싶었던 것은 아닐까? 황금 같은 그 향기는 추위를
완전히 이겨낸 매화의 자기 토로가 아니라, 추위를 견디고 있는
와중, 바로 그때 매화의 은은한 자기 표출이란 것을.

　지독한 번뇌는 그 당장에 지독한 아름다움이기도 하다. 번잡
한 세상 그대로가 피안이요, 지독한 추위가 그대로 황홀한 매화
향이다. 그게 삶의 방식이다.

그때는 울었고 지금은 웃네

마조와 제자 백장이 한가로이 산책을 하고 있었다. 마조가 난데없이 "무엇이냐?"라고 물었다. 백장은 흘깃, 날아가는 새떼를 발견하고는 "들오리요"라고 답했다. 사제 간의 문답이 이어진다.

"어디로 갔지?"

"날아가버렸습니다."

스승은 아무 설명도 없이 제자의 코끝을 확 비틀어버린다. 숙소로 돌아온 백장은 마구 울고, 궁금한 동료들은 스승 마조를 찾아가 이유를 묻는다. 마조는 "백장이 더 잘 알 걸!"이라고만 답한다. 잠시 후 그 말을 전해들은 백장이 크게 웃으며 일갈한다.

"그때는 내가 울었고, 지금은 웃네!"

우리 몸의 세포를 이루는 분자들은 날마다, 아니 분초를 다투며 생멸을 거듭한다. 지금 내 몸을 이룬 세포들, 몇 달만 지나면 다 사라진다고 보면 된다. 상황이 그러한데 젊은 시절의 나와 지금(예컨대 중년이라 치면)의 내가 같은 나라고 생각하는가? 전혀 다른 사람이다. 그때의 나와 지금의 나를 연결시켜주는 것은 그저 기억뿐이다. 그걸 정체성, 어렵게 말하면 자아 동일성identity 이라고 말할 뿐이다.

요약하자면 어제의 나와 오늘의 내가 똑같은 나라고 느끼지만, 사실은 어제의 나와 오늘의 나는 전혀 똑같지 않다는 얘기다. 그렇게 내가 하루하루 연기처럼 사라진다는 사실, '나'라는 것의 실체가 없음을 깨달아야 한다는 게 붓다로부터의 오랜 가르침이었다. 선이 히말라야 자락의 붓다로부터 아주 멀리 나아갔다고 해도, 그 가르침을 폐기할 수는 없다.

마조馬祖 도일道一(709~788)과 백장 회해 사이에 벌어진 에피소드가 그 장난스러운 분위기 뒤로 함축하고 있는 얘기도 아마 그런 맥락이리라.

이야기는 두 개의 층위로 이뤄져 있다. 전반부에서 스승은 딴데(들오리) 정신 파는 제자의 관심을 제자 자신에게로 돌리는 데 주력한다. "무엇이냐?"라는 질문에도 계속 들오리만 쳐다보는 제자의 코를 확 비틀어버린 것이다.

'내가 궁금한 건 날아가는 새떼가 아니라 바로 너거든!'

제자 백장은 마구 운다. 자신의 둔감함이 서러워 우는 걸까, 아니면 코가 아파서 우는 걸까? 그게 그거다. 우는 게 자기 자신이면 그만인 상황이다. 그런데, 이러다가 제자는 또 하나의 덜미에 걸릴 수도 있다. 바로 둔감한 나, 아픈 나에 집착할 우려가 있는 것이다. 허나 그것은 기우였다. 스승 마조는 제자를 믿고 "백장이 더 잘 알 걸!"이라 확언했고, 백장은 기대를 그르치지 않는다. "그때는 내가 울었고, 지금은 웃네!"

많은 사람들이 과거에 연연한다. 그러나 그것은 기억에나 존재하는 허상이다. 과거는 없다. 날마다 회한을 일삼고, 비관을 남발해서는 한 발자국도 나가지 못한다. 게다가 정확한 의미에서, 회한하고 비관할 '옛날의 나' 같은 것은 존재하지도 않는다.

그러니 그때 울었더라도, 지금은 웃어라. 그때 웃었다가 지금 울어야 하는 경우도 물론 있다. 언제나 그런가 보다 해야 한다. 그게 옳은 일이다.

사는 데 지름길은 별로 없다.

목마르면, 먼 길이라도 물어물어 물 있는 곳에 찾아가

직접 물을 마셔야 갈증이 해소되는 법이다.

누가 대신 물을 마셔준다고 목마름이 없어지지는 않는다.

9장

마음으로 통한다

말이나 글에 의지하지 말라

한적한 나루터에 스님 두 분이 앉아 있다. 한 사람은 깔끔한 승복 차림에 내내 자신만만한 표정이다. 다른 한 스님은 누더기 차림에 그저 다소곳하다. 아마도 떠돌이 선사 정도…….

두 사람은 무언가에 대해 얘기를 나누는 중이다. 아니, 자신만만 스님의 일방적 강론이다. 무언가를 가르치듯 이 경전, 저 경전에 대한 지식을 뽐내고 있다. 떠돌이 스님은 그저 빙그레 웃기만 한다.

건너편에서 나이든 사공이 낡은 배 한 척을 끌고 다가온다. 두 스님은 배에 오른다. 배가 강의 중간쯤을 지나는데 폭우가 쏟아진다. 배가 물 위에서 위태롭게 흔들린다. 그런데 이게 웬일인가. 엎친 데 덮친 격, 배 밑바닥에서 물이 치고 올라온다. 그냥 낡은 배가 아니었다. 배 한쪽의 나무가 썩었다. 이런, 강의 저편은 아직 멀었다.

배 안은 아수라장이 된다. 자신만만 스님은 그새 평정을 잃었다. 안 그래도 흔들리는 배 안에서 앉았다 일어섰다 하며 "살려 달라!" 애원이다. 누구한테 애원하나. 떠돌이 스님은 요지부동이다. 한가한 매무새에 여전히 홀가분한 표정이다. 삶과 죽음을 훌쩍 초월한 인상이다. 누더기 승복이 빛난다.

배는 빗속을 뚫고 조금씩 나아간다. 다행스럽게 소나기도 그친다. 자신만만 스님은 배가 강 저편에 당도하자마자 허겁지겁 올라가더니 줄행랑이다. 떠돌이 스님은 사공을 도와 배를 끌어당긴다.

자, 어느 편인가? 말과 글인가, 마음인가?

지식은 한낱 문자의 조합이다. 팔만의 경전도 위기 앞에선 나뭇조각, 종이 나부랭이다. 마음을 파고들지 못한 말의 축적은, 바삭거리는 낙엽만 못하다. 바람만 스쳐도 허망하게 부서진다. 진정한 삶의 길이 말과 이론에 의해 드러난 적은, 지금까지 없다.

지식이 삶을 이끌진 못한다

덕산이 용담의 절에 기거할 때 일이다. 얘기를 나누다 밤이
늦었다. 용담이 말했다.

"밤이 깊었는데 어찌 물러가 쉬지 않는가?"

덕산은 용담에게 인사를 하고 나갔지만 이내 돌아왔다. 밖이
너무 어두워 숙소로 돌아갈 엄두가 나지 않았던 까닭이다.
덕산이 사정을 일렀다.

"바깥이 칠흑같이 깜깜합니다."

용담이 호롱불 하나를 켜 덕산에게 건넸다.

덕산이 막 호롱불을 받으려는 순간, 용담이 "훅~"하며 입김
으로 불을 꺼버렸다. 덕산은 흠칫 놀랐다. 그리고 고개를 조
아렸다.

먼저 덕산이 어떤 인물인지 간략한 설명이 필요하겠다. 덕산
은 9세기에 쓰촨 지방에서 수행하던 덕산德山 선감宣鑑(780~865)
이다. 어려서 출가한 덕산은 경전에 대단히 능통했고, 그 중에
서도《금강경》에 조예가 깊었다 한다. 당시 청룡법사라는 이가
쓴《금강경》해설이 정평 있었던 모양인데, 덕산은 그 해설서를
열심히 연구해《금강경》강의로 이름을 떨쳤다. 유명세가 대단

해, 사람들이 그의 속성인 주周 씨를 따다가 그를 '주금강周金剛'
이라 부를 정도였다.

그런데 그렇게 경전 강의로 이름 높던 주금강, 즉 덕산은 당
시 중국 남방에서 선학禪學이 세를 떨친다는 얘기를 듣고 크게
노했다 한다. 경전은 무시한 채 직접 마음을 가리킨다는 이야기
를 사악한 거짓말 정도로 여겼던 것이다. 그의 비판은 서릿발처
럼 매서웠다.

"수많은 출가자들이 오랫동안 불교의 의식에 대해 공부하고,
붓다의 계율을 지키면서도 성불하지 못하는 판에, 남방의 작은
귀신들이 감히 직지인심·견성성불이란 말로 허풍을 떤다는 말
인가? 내 그들의 소굴을 습격해 그 종자들을 모조리 없애겠다."

덕산은 그렇게 선을 한다는 '종자'들을 발본색원하기 위해
직접 원정에 나선다. 애지중지하던 이론서《금강경 청룡 소초》
를 광주리 가득 넣어 짊어진 채였다. 덕산은 선을 하는 무리들
의 우두머리로, 당시 중국 남방에 기거하던 용담龍潭 숭신崇信
(?~838)을 지목하고 그를 만나기 위해 어느 산중으로 들어선다.

그러나 시작부터 꼬인다. 허기진 상태에서 산을 오르다가 떡
파는 노파를 만나는데 그만, 이 노파와《금강경》에 대해 논쟁을
벌이게 되고 결국 창피를 당하고 만다. 떡 파는 할머니에게 무
슨 이론이 있었겠는가? 노파는 지식과는 관계없는 몇 마디 말

(일종의 선문답이었다!)로 덕산을 격퇴한다. "남방의 작은 귀신"들을 박멸하겠다던 덕산의 불타는 의지는 일단 여기서 한풀 꺾인다.

그래도 부끄러움을 훌훌 털고 용담을 만난 덕산은 특유의 지식으로 겸손한 노인 풍모의 용담을 자극한다. 허나 용담은 흥분하지 않고 내내 한결같은 모습이다. 겸손하면서도 쉬이 범할 수 없는 용담의 풍모에 반쯤 당황하고, 반쯤 감화된 상태로 덕산은 한동안 용담의 절에서 기거한다. 깜깜한 야밤, 호롱불이 켜졌다가 꺼진 사연은 그 즈음 나온다.

경전 공부에 오랫동안 몰입했던 학승답게 덕산은 용담과 함께 있으면서도 밤늦게까지 성실하게 묻고 또 물었을 것이다. 그렇게 늦은 밤 숙소로 돌아가려는데, 밖이 너무 깜깜하다. 호롱불을 청하고, 그 호롱불을 받아든다. 몽매의 세계를 밝혀줄 유일한 불빛이다. 어쨌든 이 불빛에만 의지하면 뜻한 곳으로 갈 수 있는 것이다.

그러나 용담의 '훅~' 하는 입김. 유일하게 기댈 곳이 사라진다. 그리고 바로 그때, 덕산은 홀연히 자신에게 눈을 뜬다. 나의 갈 길을 밝혀줄 것은 호롱불이 아니라 나 자신이란 사실을 깨달은 것이다. 동시에 오랫동안 자신의 호롱불 역할을 해주었던, 온갖 경전들이 극악한 방해물이었다는 사실도 함께.

진정한 스승에게 머리를 조아렸던 덕산은 다음 날 바로, 짊어지고 온 광주리를 풀고 그 속에 담긴 《금강경》 해설서들을 시원하게 불태웠다 한다. 자신에게 삶의 방향을 지시해준다 믿던 온갖 지식들을 한 번에 놓아버린 것이다. 그리고 자신이 없애겠다던 무리의 우두머리에게 말했다.

"이제부터 남방의 노승들이 하는 말에 전혀 의심을 두지 않겠습니다."

삶에 관한 동서고금의 지혜에 통달했다고 해서, 삶이 윤택해지는 것은 아니다. 두렵더라도 호롱불을 과감히 끌 줄 알아야 한다. 그래야만 자신이 진정으로 원하는 게 무엇인지 보인다.

깨달은 뒤에는 어떻게 살까

삼성이 물었다.

"그물을 벗어난 금빛 물고기는 무엇을 먹습니까?"

설봉이 대답했다.

"그물을 벗어난 후에 알려주겠네."

삼성이 따졌다.

"1,500명을 제자로 거느리고 있으면서 말의 참뜻을 알아듣지 못하십니다."

설봉이 말했다.

"절 일이 바쁘다보니."

만약 물에 빠지면 허우적대면서라도 어떻게든 그 물에서 빠져나오려고 그 당장에 움직여야 한다. A부터 Z까지 헤엄치는 법을 순서대로 익히고 난 뒤 뭍으로 빠져나오려 하면 안 된다는 사실을 누구나 알고 있다. 만약 몸에 화살이 박혔으면, 그 화살을 어떻게든 잡아 빼야 한다. 화살촉의 구조와 화살의 재질부터 연구하려 하면 당장의 출혈을 감당할 수 없다.

그런데, 물에 빠진 상태로 헤엄치는 법을 공부하고, 몸에 화살 박힌 채 화살에 대한 공학적 연구를 하려는 사람들이 있다.

삼성三聖 혜연惠然(생몰 미상)의 어리석음도 그런 데서 멀지 않다. 어리석음은 그렇다 치고 질문 하나는 참 멋들어진다. '투망 금린透網金鱗'이란 말로 줄여 유통되는 화두……

그물을 벗어난(투망) 금빛 물고기(금린)는 무엇을 먹고 사는가? '깨달은 후에는 어찌 살게 되는가', 그런 질문이다. 멋지지만 지나치게 사변적이다. 깨닫기 위한 방법을 묻고도 번번이 깨지는 판에 깨달은 후의 일을 묻다니. 미리 마신 김칫국이 옷자락을 다 적셨겠다. 속세의 먼지 속에서 허우적거리면서 주제 파악도 못하고 선사들이 노니는 경지를 물었다.

설봉은 당연히 대답을 들려줄 생각이 없다. 물론 말로 설명해 줄 수도 없는 문제다. 그래서 피해간다.

"자네가 그물을 벗어나면 그때 알려주지!"

물론 그때는 알려줄 필요도 없다. 이론은 그런 것이다. 직접 체험하기 전에는 비급이지만, 체험한 후에는 아무런 내용도 없는 빈말이다. 깨달은 이에게 이론 따위는 필요 없다. 투망을 제 힘으로 찢고 나온 금빛 물고기는, 자신의 힘만으로 자유자재하다.

그러나 이론을 갈급하고 있는, 제대로 된 이론이면 한 경지할 수 있다고 생각하는 삼성은 설봉을 거세게 밀어붙인다. 눈에 뭐가 씌면 그렇게 전후 상황 안 가리고 저돌적이다.

"말의 참뜻을 못 알아듣는군요!"

삼성 딴에는 "일반적인 이론을 물었는데, 왜 내 얘기로 화제를 돌리느냐?" 따져 묻고 싶었을 것이다. 그래서 불손하다 할 정도로 설봉을 압박하고 만다. 설봉은 당황했을까. 능구렁이 선사들이 당황은 무슨…….

"절 일이 바빠서!"

삼성은 대선사 임제 밑에서 17년을 있었다. 그러나 상세한 전기는 전하지 않는다. 생몰 연대도 알 수 없다. 큰 존재감이 있던 선승은 아니었나 보다. 다만 앙산, 덕산, 설봉 등과의 문답이 드문드문 전한다.

그래도 임제 사후 《임제록》을 편집했으니, 설봉에게 그랬듯
스승에게 투덜거리기만 하진 않았던 모양이다. 대가의 큰 뜻을
많은 이들에게 알리는 게 자기 자신의 깨달음보다 더 중요할지
도 모른다. 이론을 선호하던 자신의 취향을 선용한 경우라 하
겠다.

사는 데 지름길은 없다

한 수행자가 다짜고짜 마조에게 물었다.

"온갖 복잡한 이론을 떠나 선의 참뜻을 알려주십시오."

마조가 말했다.

"오늘은 피곤해서 말을 못하겠다. 지장에게 가서 물어보라."

가서 묻자, 지장이 대답했다.

"어찌 백장 화상에게 가지 않고?"

"큰 스님이 여기 와서 물으라 하셨습니다."

"오늘은 머리가 아파서 말해줄 수 없다. 백장 사형에게 가서
물어보라."

가서 묻자 백장이 대답했다.

"그건 나도 모르지."

그 학인學人 참 딱하게도 됐다. 운 좋게 선의 대가(마조)를 마주했으나, 시치미 뚝 떼고 제자에게 가보라 한다. 그러나 제자(지장)도 함구하고는 다른 동료(백장)에게 떠넘기고, 그 동료마저 "나도 모른다"라며 딱 잡아뗐으니 말이다.

질문하는 이의 말문을 막는 것은 선사 대부분의 행적이라 쳐도, 이번엔 좀 심하다. 선사 세 명이 갖은 핑계를 대면서, 미리 짜놓은 것처럼 수행자를 속여 물리고 말았으니. 무엇이 문제였을까? 짚어보자.

수행자는 "온갖 복잡한 이론을 떠나 선의 참뜻을 알려 달라"라고 했다. 이때 "온갖 복잡한 이론을 떠나"는 원문으로 '이사구 절백비離四句 絶百非'에 해당한다.

우리가 생각할 수 있는 모든 것은 아무리 복잡한 것 같아도, ①있음 ②없음 ③있기도 하고 없기도 함 ④있지도 않고 없지도 않음, 이렇게 네 가지로 정리된다고 4구다. 그럴듯하다. 이 네 가지 가능성을 빠져 나갈 논리는 없을 것 같다.

그런데 옛사람들은 여기서 그치지 않는다. 4개의 가능성 각각이 또다시 4개의 가능성을 포함하고, 그것들이 과거·현재·미래로 배당되고, 한발 더 나아가 그 각각이 이미 일어난 일과 아직 일어나지 않은 일로 구분되어 얼추 100가지(4×4×3×2=96)가 된다고 정리했다.

자, 이렇게 해서 '사구백비' 하면 우리가 생각할 수 있는 모든 것이 된다. 온갖 이론과 논설도 모두 사구백비의 범주 안에 있을 뿐이다.

그런데 수행자는 과감히 사구백비, 그 온갖 이론을 떠나 선의 참뜻을 일러달라고 한다. 언뜻, 수행자의 총명과 순수를 보여주는 듯하지만, 어찌 보면 대단히 약은 짓이기도 하다. 괜한 수고 시키지 말고, 단박에 깨달음에 이를 수 있는 지름길을 알려달라는 것 아닌가.

그러나 선사들이 어떤 사람인가. 기기묘묘한 화두의 벽을 오랜 고심으로 넘은 사람들이다. 그 정도 잔꾀에 당할 리 없다. 마조는 지장에게 미루고, 지장은 백장에게 미루고, 백장은 천연덕스럽게 나도 모른다 하고…….

누구나 웬만큼 살아보면 아는 일이지만, 사는 데 지름길은 별로 없다. 목마르면, 먼 길이라도 물어물어 물 있는 곳에 찾아가 그곳에서 직접 물을 마셔야 목마름이 해소되는 법이다. 누가 대신 물을 마셔준다고, 아니면 누군가에게 기막힌 갈증 해소법을 배운다고 목마름이 없어지지는 않는다.

때론 가까운 길을 멀리 걸을 줄도 아는 것이 삶의 지혜다. 조급증을 버리고 멀리 걷는 동안 전혀 예상치 못했던 새로운 길이 열리기도 하니까.

깨달음은 귀로도 들린다

한 수행자가 투자에게 물었다.

"세상 모든 소리가 붓다의 소리라 하는데, 정말 그런가요?"

"그래."

수행자가 다시 물었다.

"그럼 방귀 소리, 주전자의 물 끓는 소리도 붓다의 목소리이

가요?"

투자가 한 대 딱 쳤지만, 수행자는 다시 묻는다.

"조잡한 말도 정중한 말도 모두 불법의 근본 진리로 귀결된

다는데, 그것도 그런가요?

"그렇다니까."

수행자가 말했다.

"그럼, 스님을 한 마리 당나귀로 불러도 되겠네요?"

투자가 또 딱 하고 내리쳤다.

잠깐, 당송팔대가 중 한 명인 소동파蘇東坡(1037~1101) 얘기를
하고 시작하자. 북송의 문호 소동파는 문인이기 전에 선의 성실
한 수행자이기도 했다. 그러나 수많은 경전과 조사들의 어록을
읽었음에도 답답함을 쉽게 떨치지 못했다. 그러던 차에 한 선사

로부터 생소한 얘기를 듣는다.

"어찌 무정설법無情說法은 들을 생각을 않고 유정설법有情說法에만 관심을 갖나?"

돌이니, 물이니, 산이니 하는 무정물의 설법에도 귀 기울여보란 얘기였다. 소동파는 직후, 어느 칠흑 같은 밤에 폭포 옆을 지나다 깨달았다 한다. 그리곤 시를 지었다.

溪聲便是廣長舌(계성변시광장설)

山色豈非淸淨身(산색기비청정신)

夜來八萬四千偈(야래팔만사천게)

他日如何擧示人(타일여하거시인)

계곡물 소리가 문득 붓다의 설법이요

산의 모습이 붓다의 청정법신이라.

밤새 찾아든 팔만사천 게송을

훗날 사람들에게 어떻게 보일까.

투자投子 대동大同(819~914)은 동파보다 200년을 앞서 산 사람이니, 당시 투자를 만난 수행자는 제법 기특한 질문을 던진 셈이다.

"세상 모든 소리가 붓다의 소리라 하는데, 정말 그런가요?"

200년 후 동파가 깨달은 계곡물 소리의 불성佛性을 한참 앞서 포착했다. 그런데, 수행자는 그때 그 정도 질문에서 그쳐야 했다. 투자가 "그래" 하고 간결하게 답하고 말았을 때 잠자코 있어야 한다는 얘기다. 그러나 수행자는 조바심을 참지 못하고 이른바 '악평등惡平等'의 구렁으로 애써, 자신을 끌고 들어갔다.

무엇이든, 무조건 평등하게 만들려는 게 악평등이다. 얼마나 무지몽매한 집착인가. 방귀 소리는 어떤가요? 주전자에 물 끓는 소리는요? 조잡한 말도 모두 붓다의 소리인가요?

수행자의 악평등 지향은 마지막 질문에서 극에 달한다.

"그럼, 스님을 한 마리 당나귀로 불러도 되겠네요?"

바보 같은 수행자의 얘기는 내버려두고, 차라리 이 세상을 가득 채운 그 소리에 대해 한번 생각해보자.

안타까운 일이지만 소리를 듣는 우리의 귀는 현대에 진입할수록 상대적인 퇴화를 거듭한다. 주위의 모든 것들이 눈과 그 눈에 보이는 것들 위주로 전개되니 그럴 수밖에.

그러나 그렇게 눈에 비해 열등한 상황일수록 청각의 진면목이 드러난다. 시각에 비해 더럽혀질 가능성이 현저히 줄어들기 때문이다. 이제 눈앞에 펼쳐진 현란한 풍경에 눈을 감고, 들리는 소리에 귀를 기울여보자. 도처에 신성한 음성, 붓다의 목소리가 진동할 테니……

어디든 언제든 다 좋다

절 초입에서 장사를 만난 제자가 물었다.

"어디 다녀오십니까?"

장사가 답했다.

"산에 갔다 오네."

제자가 다시 물었다.

"어디까지 다녀오십니까?"

"향긋한 봄풀을 따라 갔다가, 떨어지는 꽃잎을 좇아 돌아왔
지."

딱히 공안이라 할 수 있을까? 장사長沙 경잠景岑(?~868)과 제
자의 문답이 불교의 깨달음과 관계가 있기는 한 것인지 하는 의
문이다. 아니 그보다 공안이란 게 대체 무엇이기에.

큰 의심을 일으키게 하는 조사의 역설적인 말이나 문답······.
이 정도로 공안의 뜻을 정리하면 공안이 안 될 것도 없겠다. 문
답을 보고도, 장사가 다녀온 곳이 산의 어디쯤인지 짐작할 수
없고, 그래서 의심이 생기긴 하니 말이다.

그러나 공안이 되든 안 되든, 장사의 답변은 그 자체로 얼마
나 아름다운가? 향긋한 봄풀을 따라 산을 올랐다가, 떨어지는

꽃잎을 좇아 그 산을 내려왔다니 말이다. 평생을 그렇게 풀과 꽃을 따라 살아갈 수 있다면 그런 축복이 또 있을까 싶다.

지금 생각해도 좀 웃음이 나오는, 개인 경험을 하나 보탤 만하겠다. 대학 다니던 시절 미학 강의를 듣던 중이었는데 한 4월쯤 됐을까, 교수가 리포트를 하나 제출하라 했다. 제일 앞자리에 앉아 있던 제자가 물었다.

"언제까지 제출할까요?"

교수는 잠시 강의실 천장을 바라보다가 무언가 흡족한 생각이 들었다는 듯 고개를 돌리며 말했다.

"목련이 필 때까지 내도록 하게!"

제자가 다시 물었다.

"교수님, 목련이 질 때까지 내면 안 될까요?"

잠시 생각에 잠겨 있던 교수가 회심의 미소를 지으며 제자에게 답했다.

"필 때까지 내도 괜찮은데, 질 때까지 내서 안 될 이유가 있겠는가?"

선사도, 교수도 일상적인 장소와 시간에 얽매이지 않았다. 일상적인 기준을 잠시 옆으로 밀어두고, 세상을 바라보는 자신만의 시각을 제자들에게 제시했다. 그들에게 '어디까지'는 거리와 관계없는 일이었고, '언제까지'도 달력의 빡빡한 시간과는 거리가 멀었다.

일상에 오롯이 들어앉은 채로도 일상을 타파하고, 일상을 초월할 수 있다. 향긋한 봄풀과 떨어지는 꽃잎에 나의 오감五感을 맡기는 순간, 일상에서도 전혀 새로운 풍경이 펼쳐진다. 그렇게 새로운 풍경 속을 거닐다 보면, 사람도 새로워진다.

20세기 전반, 세상 사람들에게 그때까지와는 완전히 다른 세계와 시·공간을 제시했던 아인슈타인은 이런 말을 했다.

"논리는 당신을 A에서 Z까지 데려다 줄 뿐이지만, 상상력이 데려다 줄 수 있는 곳에는 한계가 없다."

불교와 무관한 서구 물리학자의 이야기이고, 선과 무관한 상상력에 관한 하나의 견해일 뿐이지만, 인용된 장사의 에피소드와 통하는 것 같지 않은가?

논리는 우리들이 살아가는 일상의 규칙들이다. 그걸 잠깐이라도 넘어설 수만 있다면 우리는 그야말로 어느 곳이든 자유자재하게 돌아다닐 수 있다.

선은 물리학자의 상상력과는 전혀 다른 무엇이다. 그러나 우리를 자유롭게 하는 건 마찬가지다. 어디든 데려다 준다.

그저 바라보아도 통한다

붓다가 어느 깊은 산, 아담한 탑 옆에서 설법하고 있을 때였다. 제자 가섭이 누더기를 입고 뒤늦게 도착했다. 다른 제자들은 누더기 차림의 가섭을 비웃듯이 바라봤다.

붓다는 말없이 자기가 앉아 있던 자리의 절반을 양보했다.

가섭이 말없이 그 자리에 앉았다.

초기 선불교에 난제가 하나 있었을 것으로 짐작한다. 불립문자를 근본 종지 중 하나로 내세워 놓긴 했는데, 붓다는 말로써 아주 오랫동안 설법을 했다. 깨달은 이후, 세속의 나이로 80세에 이르기까지 40여 년을 줄기차게 문자를 내세웠던 것이다. 물론 문자로 이루어진 설법에 불립문자의 종지가 오롯하게 담겨 있었으나, 불협화不協和가 존재하는 것은 사실이었다.

붓다가 대중에게 꽃을 내보이고, 대중 속에 섞여 있던 제자 가섭이 슬그머니 웃었다는 염화시중의 에피소드가 등장해야 했던 것은 그런 속사정 때문일 것이다.

게다가 곱씹을수록 아름다운 광경이기도 하다. 설법하고 있는 붓다와 설법을 듣고 있는 군중들 위로 꽃비가 내렸다는 것 아닌가? 붓다가 떨어진 꽃 한 송이 주워 조용히 내보이고, 가섭은 또 조용히 웃고…….

불가에서는 염화시중 외에도 불립문자를 뒷받침할 두 개의 에피소드를 더 발굴해 알렸다. 염화미소와 함께 선의 원류로 운위되는 '삼처전심三處傳心'의 사연이다. 서로 다른 세 곳의 장소에서 마음을 전했다고 삼처전심이다. 그 세 곳, 진리의 전수 현장에 말 따위는 한 마디도 없었음은 물론이다.

인용된 화두도 삼처전심 중의 한 에피소드다. 설법하고 있는 석가 곁으로 뒤늦게 도착한 누더기 차림의 가섭, 그를 냉소적으로 바라보는 제자들, 조용히 자리의 절반을 양보하는 붓다. 가섭은 말없이 그 자리에 앉는다. 그렇게 내어주고 차지했다. 침묵 속에 깊은 뜻이 오간다.

마지막으로 붓다가 열반한 뒤 가섭은, 스승을 누인 관 주위를 세 번 돌고, 그 관에 세 번 절한다. 그러자 붓다가 관 밖으로 두 발을 내어 보인다. 신비하고 기이한 광경이다. 열반의 훗일이니 붓다의 침묵은 말하자면, 그냥 침묵이 아닌 절대 침묵에 해당한다.

각기 다른 세 곳의 장소三處에서 어떤 마음이 전해졌는지傳心 해독하는 것은 지난한 일이다. 그러나 세 곳의 다른 장소에서 붓다와 가섭을 둘러싸고 있던 침묵은 그 자체로, 말 많은 이 시대에 하나의 청량제가 된다. 태산 같은 침묵이 어떤 고난도의 커뮤니케이션보다 강력할 때가 꽤 있다.

생각해보라. 누군가의 웃음에 그저 웃음으로써 화답하는 광경을, 자리 없는 이에게 자리를 내어주는 광경을, 자신을 진정으로 사랑했던 이에게 작은 몸짓을 보여주는 광경을, 그리고 그 소중함을…….

수많은 사람들이 자신을 대변하기 위해 어마어마한 양의 말을 쏟아내는 시대에 침묵은 그것만으로 중요한 메시지를 함축한다. 침묵이 거부를 뜻한다고 느끼는 사람도 있으나, 침묵이 담고 있는 메시지는 그리 단순하지 않다. 침묵은 때로 사랑이며, 관심이며, 무언의 인가임을 2,500년 전의 붓다가 은은한 미소로 보여주지 않았는가?

진리의 세계에서만 아니라 일상에서도 말로 전달할 수 없는, 침묵으로만 전달 가능한 메시지가 있음을 기억해야겠다. 모든 것을 설명하기 위해 조급해 할 필요가 있을까? 세상살이 모두가 말로 설명될 수 있는 것은 아니다. 그럴 필요도 없거니와.

혼자 있어 본 사람은 안다.

아무 말 없이, 아무와도 대면하지 않은 채 지내는 것이

얼마나 외로운 일인지.

절대 고독의 경험 없이, 복잡하게 얽힌 이 세상의 인연을

끊어낼 수 없다는 것을……

10장
거침없이 담대하게
내가 움직이면 세상이 흔들린다

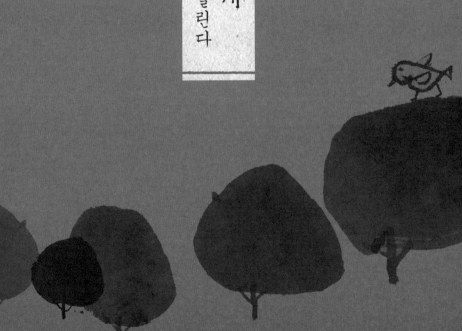

선사들은 태산이었다가, 허공이었다가, 사방으로 뚫린 문이었다가 한다. 자유자재의 변신 속에서 거침도 없고 걸림도 없다. 두려움도 없다. 돌멩이와 바위와 흙을 차별했다면 태산일까. 한 군데라도 걸림이 있다면 허공일까.

선의 시작부터가 그랬다. 멀리 서쪽에서 온 달마는 중국 남반부를 석권하고 있던 황제와 눈 부릅뜨고 '맞짱' 뜨면서 선을 태동시켰다. 뒤를 이은 수많은 선사들은 스승들과의 거친 몸싸움을 마다하지 않았다. 진짜로 치고받았다. 그들은 장쾌했고, 호기로웠고, 움츠려들지 않았다.

우리들은, 소심하고 민감하다.

어쩔 수 없는 문명의 질병일까. 자연 대신 인공을 택하면서 호기로움은 사라졌다. 도시와 교양을 얻고, 야성을 상실했다. 소심과 예민이란 천형天刑을 자초했다.

잠시 눈을 돌려, 드높은 자존의 기세로 담대함을 떨치던 선사

들을 보라. 거칠 것 없던 영웅들의 모습을.

오만도 겸손도 버리고

남양이 법회에서 이야기를 하는 중에 황제 숙종이 나타났다. 신심信心이 없지 않은 황제가 진지하게 이런저런 질문을 던지지만, 혜충은 쳐다보지도 않는다. 노한 황제가 붉으락푸르락한 얼굴로 일갈한다.

"나는 대당大唐의 황제요. 어찌 나를 거들떠보지도 않는단 말이오?"

남양이 그때서야 입을 뗀다.

"폐하께서는 허공을 보신 적이 있습니까?"

"그야……."

황제는 내키지 않지만 수긍하고, 그런 황제를 보며 남양이 조용히 묻는다.

"허공이 폐하에게 눈짓이라도 하더이까?"

개운치 않은 인간사 중 하나가 오만과 겸손의 어색한 교차다. 시대를 막론하고 권력깨나 가졌다는 이들은 과도한 거만을 주체하지 못해 어쩔 줄 모른다.

그 앞에 선 필부필부匹夫匹婦들도 때론 진심으로, 때론 뒤틀린 심사를 감추고 자신들을 위축시킨다. 어떤 경우든 보기 좋은 풍경은 아니지만, 매번 혐오를 드러내기엔 너무 흔한 풍경이기도 하다.

그런 풍경의 세상을 권력자 또는 필부필부로 거닐다가, 남양南陽 혜충慧忠(677~775)의 절대 무심無心을 접하고 나면, 문득 헛웃음부터 나온다. 그리고는 곧바로 사람들의 알량한 신경전이 우스워지고 만다. 남양은 청원 행사, 남악 회양, 하택 신회, 영가 현각과 함께 혜능의 5대 제자로 꼽힌다.

가진 것이라곤 거처를 둘러싼 산과 바람·나무 정도였을 이 노 선사는 당시 당唐의 황제를 면전에서, 그것도 깡그리 무시하고 만다. 그것은 아마도, 아무것도 소유하지 않은 절대 무심의 경지를 통해서였으리라. 아무 것에도 구애받지 않는 허공과도 같은 무심…….

"허공이 폐하에게 눈짓이라도 하더이까?"

물론 허공은 누구에게도 눈짓을 하지 않는다. 텅 빈 마음의 선사도 누구에게도 눈길을 주지 않는다. 눈길을 줄 수도 없다.

황제는 더 할 말이 없다. 세속의 권력을 등에 업은 자의식으로, 그는 선사를 상대하려 했다. 그러나 공空의 경지로 진입한 선사에게 세속의 권력과 자부심은 아무 의미도 갖지 못했다. 그나마도 선사가 허공의 신묘한 가르침을 몇 마디의 설명으로라도 전해줄 생각을 한 것은, 자신이 무시당한 이유를 어떻게든 알아보려는 황제의 진중함에 대한 보답이었을 것이다.

어쩌면, 깨닫는 그 순간 허공이 되는 것인지도 모른다. 동서남북 어디에도 경계를 두지 않고 절대적인 빈 공간으로 자신을 여는 허공처럼, 선사도 어디에도 걸림 없이 자신을 비운 채 사방을 향해 열린다. 그 앞에서 속세의 일 따위는 의미를 잃고 만다. 생사의 문제가 이미 떨구어져 나간 마당에 권력 따위가 어디에 발을 붙이겠는가?

노 선사의 권유 없어도 도심 속, 빌딩 숲 사이의 좁다란 허공을 한번 응시해보는 시간을 가져볼 만하다. 그것은 단순한 기분전환 이상이다. 시간을 거슬러 남양과 숙종을 둘러싸고 있던 1,300년 전 허공의 가르침을 떠올린다면, 마음 속 오만과 과공이 잠깐이라도 떨어져 나갈 것이다. 그러거나 말거나, 허공이야 우리에게 눈길 한번 주지 않겠지만……

우주의 근거는 바로 나

선혜가 법당에서 설법중일 때 양 무제가 찾아왔다. 황제가 직접 절에 행차하자 신하들은 난리가 났다. 신하들이 부산을 떠는 사이 황제가 법당에 들어섰다. 설법을 듣고 있던 스님들도 모두 일어나 황급하게 인사를 했다.

그러나 선혜는 꼼짝도 하지 않았다. 거들떠보지도 않는 지경이다. 당황한 황제의 측근이 조급하게 선혜 쪽으로 다가가 따졌다.

"황상께서 오셨는데 어찌 꼼짝도 않는단 말이오?"

선혜가 미묘한 웃음을 짓더니 양 무제를 흘깃, 쳐다봤다. 그리고 말했다.

"법지法地가 동요하면 일체가 불안하오!"

선혜善慧(497~569)의 존재는 선의 역사에서 좀 독특하다. 중국에 선을 가동시켰다는 달마보다 40년 정도 늦게 죽었으니, 달마의 존재를 알았을 법한데 달마와의 인연에 대해서는 전하는 바가 없다. 그러나 몇몇 에피소드를 통해 보이는 그의 족적은 강한 선기禪氣를 풍긴다.

양 무제와의 대화도 그런 얘기 중 하나다. 법당에서 강론을 하고 있는데, 양 무제가 갑작스럽게 나타났다는 것 아닌가? 그런데 전혀 거들떠도 안 본다. 대형 사고다. 황제 측의 신하, 선혜 측의 승려 어느 쪽 할 것 없이 난리가 났는데, 선혜는 딱 한 마디 던질 뿐이다.

"법지가 동요하면 일체가 불안하오!"

이 담대함……. 경전 공부하는 학승들에게서는 볼 수 없는 풍모임에 틀림없다. 모든 것이 텅 비어 있음을 몸으로 체험한 선승들만의 기개다. 세상의 무상함과 구족具足함을 동시에 알아차린 이들만의 거침없음이다.

선혜가 황제의 항의를 일축하며 쓴 용어가 '법지'란 말이다. 법지는 일체 존재의 근거 정도로 해석하면 될 것 같다. 그런데 일체 존재의 근거는 먼 곳에 있지 않다. 진아眞我, 즉 '참 나'가 그 법지다. "법지가 동요하면 일체가 불안하다"라는 말은 "내가 바로 우주의 근거"라는 얘기다. '참 나'가 움직이면 세상 전체가 흔들린다는 얘기다. 황제 따위가 왔다고 자세를 바꿔야 하겠는가?

누구나 가질 수 있는 담대함은 아니지만, 누구라도 한번쯤 꿈꿔 봐야할 경지이기도 하다.

선혜와 양 무제의 '충돌'은 한 번이 아니다. 함께 얘기하고 넘어가는 편이 낫겠다. 이번에는 양 무제가 선혜를 초청한 경우다. 와서 《금강경》에 대해 강설해달라는 부탁이었다. 부탁을 받은 선혜는 단상에 올라가긴 했다. 그런데 올라가자마자 책상을 한번 '탕' 치고는 그대로 내려와 사라져버렸다. 옆에 있던 다른 스님 한 명이 황제에게 물었다.

"폐하께서는 알아들으셨습니까?"

"나는 모르겠소."

"어쨌거나,《금강경》강설은 끝난 것 같습니다."

선에 특유한 불립문자의 뜻을 명확하게 내보이는 화두 중 하나다. 희대의 경전《금강경》을 강설하는데 그저 한 번의 침묵과 한 번의 두들김이면 족하다는 것이다. 그러나 불립문자의 역설과 관계없이 눈에 띄는 것은 역시 선혜의 호방한 태도다. 멋진 경전 해설을 기다리는 황제에게 책상을 탕, 치고 말다니…….

말 그대로 불립문자인 것이니, 문자로 선혜의 뜻을 설명할 길은 없을지 모른다. 다만, 황제의 질문을 무시하고, 그의 경청조차 일축해버리는 담대함만은 오롯이 기록으로 전하니 그것만은 기억하자. 그리고 그 담대함이 내가 움직이면 세상 전체가 흔들린다는 자기 믿음에서 비롯된다는 것도 함께.

대결을 겁내지 말라

양 무제가 물었다.

"불교의 성스러운 진리가 무엇입니까?"

달마가 답했다.

"휑하니 비어 있으니 성스럽다고 할 게 없습니다."

무제가 다시 물었다.

"내 앞에 있는 사람은 도대체 누구요?"

달마는 짧게 대답했다.

"모르오."

그리고 곧바로 자리를 떴다.

달마가 나오면 일단 정신을 집중해야 한다. 달마는 선의 첫
번째 조사이지만 그와 동시에, 실증적인 측면에서 그 정체가 불
확실한 사람이다. 그에 대해 역사적으로 신빙할 만한 기록이 뭐
가 있을까?

6세기 중국, 북위北魏의 양현지란 사람이 《낙양가람기》란 책
을 썼다. 이 책에 "승려 보리달마는 파사국波斯國 호인胡人이다"
라 전한다. 대강 이런 식이다. 달마를 실증하는 기록이라 봐야
몇 안 되고, 그나마 《낙양가람기》가 보여주는 것처럼 상세하지
도 않다(파사국은 옛날 페르시아의 다른 중국식 발음이다). 역사적인 행보
가 확연히 드러나지 않은 이에게, 선의 시발始發의 자격이 주어
졌다. 어떤 일이 일어날까? 훗날 선을 체계화하는 육조 혜능의
후계자들은, 그 구체적 행적을 알 수 없는 이승異僧 달마에게 자
신들이 생각하는 선의 정수精髓를 들이붓고 싶어 했을 것이다.

상황이 이렇게 되면, 달마의 말 한 마디 한 마디에는 이후로

전개된 선의 역사가 역류하듯 거꾸로 흘러 집중된다. 진짜 선의 창시자들은 자신들이 선의 첫 번째 조사로 지목한 달마를 통해 선이 무엇인지 보여야 한다. 달마에 얽힌 얘기는 그렇게 선의 본질을 담은 전설이 된다.

자, 그럼 선의 전설인 달마의 맞상대로 등장시킨 양 무제는 어떤 인물인지 알아야한다. 양 문제는 6세기 초반 양梁이란 나라를 세우며 중국 남쪽을 석권한 영웅이다. 그런데 이 영웅은 집권 후반기에 들며 불교에 심취한다. 심취한 만큼 불교를 적극 지원한다.

방법은 크게 두 가지로 보면 된다. 하나는 엄청나게 큰 절을 짓고, 그 절에 절의 규모만큼 엄청난 양의 재물을 보시하는 것이다. 나라 살림이 거덜 날 정도였다. 또 하나는 황제 자신이 불교 경전에 대해 수많은 주석을 남긴 것이다. 그러면서 무제는 자신을 보살이라 여기게 됐고, 실제로 당시 백성들은 그를 '황제 보살'이라 불렀다 한다.

그러니까 인용된 에피소드의 무제·달마의 만남은 그렇고 그런 정도의 시시한 만남이 아니다. 멀리 서쪽에서 온 추레한 차림의 승려와 호기심 많은 황제의 만남 정도가 아니란 얘기다. 자신을 보살로 생각할 만큼 불교라면 자신 있는 인물과 정체를 알 수 없으나 불교의 본고장에서 온 희대의 승려가 만난 역사적

자리인 것이다.

게다가 두 사람의 만남은 불교의 본질을 둘러싼 명확한 대립을 보여주는 뭐랄까, 원형적인 갈등이기도 하다. 양 무제의 경우 자신의 두 가지 공덕, 바로 보시와 경전 연구를 통해 불교의 근본 진리에 다가갈 수 있다고 생각한다. 달마는 선의 첫 스승이므로 당연히 그런 물적이고 외적인 것에는 관심이 없다. 두 패러다임의 격돌은 그렇게 시작됐다.

황제 보살이 직설적으로 묻는다.

"도대체 불교의 진리가 뭐요?"

황제 보살은 물으면서도 생각했을 것이다. '달마의 답변이 끝나면 바로 그 진리를 몸으로 체현하는 사람이 바로 나라고 말해야지', '나의 보시와 경전에 관한 지식을 자랑해야지'라고 말이다. 그러나 달마의 답변은 크게 엇나간다.

"성스러운 진리? 텅 비어 있을 뿐인데, 성스러움과 진리가 숨을 자리가 어디 있단 말이오?"

황제 보살은 의아하다. 이런 가르침을 들어본 적이 없다. 공덕을 쌓고, 경전에 통달하면 그게 바로 붓다가 되는 방법 아닌가? 그렇게 생각했는데, 족보도 알 수 없는 승려 하나가 "진리라 할 만한 게 전혀 없다"고 일축해버린다.

황제는 화가 날 수밖에 없다. 분노를 이기지 못하고 당대의 보살을 무시하는 달마를 윽박지른다.

"당신 대체 누구야?"

그러나 선의 이 위대한 담지자擔持者에게 "나는 보살!"임을 확신하는 황제가 애지중지하는 그런 자의식 같은 게 있을 리 없을 터, 그 대답은 단호하게 "모르오!"일 수밖에 없다.

이 짤막한 한 장면에 선의 모든 것이 담겨 있다고 봐도 무방하다. 그러나 그 안에 담긴 모든 것을 말로 풀어내는 노력은 잘해봐야 헛수고가 될 수밖에 없으니, 그저 현장의 분위기라도 확실히 체감하면서 이 오래된 화두의 곁을 떠나자.

만약 무제와 달마의 논쟁 현장에 있었다면 어떤 느낌이 들었을까? 그것부터 한번 생각해 보자는 얘기다.

두 사람의 엄청난 기세, 그리고 두 사람 사이에 생겨난 긴장감에 압도부터 당했을 것이다. 자신을 붓다라고 믿는 황제와 퀭한 눈에 큰 덩치를 가진 이국의 승려……. 한 치도 물러나지 않는 격돌의 현장은 냉랭한 듯 강한 불꽃이 일었으리라.

그러나 곰곰 생각해보면 달마는 약자 중의 약자였다. 한 나라를 좌지우지하는 전제 군주, 더욱이 자신이 불교의 수호자라 자임하는 황제 앞에서, 남루한 차림의 달마는 비천한 존재일 뿐이었다. 그러나 달마는 조금도 머뭇거리지 않는다.

"성스러운 진리? 그건 머리로 알 수 있는 게 아니오. 그보다 당신이나 나나 대단한 존재가 아니란 것부터 알아야 할 거요!"

후대의 선사들이 달마에게 집약시킨 선 수행자의 모습은 그런 것이다. 절대 권위에 대한 절대적 무시, 자신에 대한 철저한 부정, 그리고 그것들을 통해 얻어지는 담대함과 배짱……

선은 어떤 상황에서건 위축과 움츠림을 허용하지 않는다. 없는 것은 없는 것이고, 모르는 것은 모르는 것이다. 있는 그대로 내보이는 것, 그게 달마의 방식이요, 선의 가르침이다.

이 세상 홀로 사니, 얼마나 특별한가

어떤 스님이 백장을 찾아와 물었다.

"세상에서 가장 특별한 일이 무엇입니까?"

백장이 답했다.

"내가 홀로 대웅산 봉우리에 앉아 있다는 사실이지."

스님이 절을 하자, 백장은 그를 후려쳤다.

대웅봉大雄峰은 백장 회해가 머물던 백장산의 별칭이다. 마조의 걸출한 제자로 선 역사에 뚜렷한 족적을 남겼지만, 대웅봉위, 백장의 일상은 그야말로 특별한 게 없는 것이었다. 선종의 독자적 첫 규율인 백장청규白丈淸規를 만들어낸 장본인으로, 그의 일상은 대단히 단조로운 것이었을 수도 있다.

그저 하루하루 쉼 없이 일했다. 세속의 나이로 아흔을 넘기고도 생활은 마찬가지였다. 손에서 호미를 놓는 일이 없었다. 제자들로선 걱정하지 않을 도리가 없다. 어느 날인가는 스승의 호미를 몰래 감춰버린 적도 있다. 그날 백장은 공양 들 생각을 아예 안했다. 제자들이 물었다.

"큰스님, 왜 공양도 안 드시고?"

백장이 심드렁하게 답했다.

"오늘 호미를 잃어버려 일을 못했다. 먹을 자격이 없지!"

하루를 일하지 않으면 하루를 먹지 않는다一日不作 一日不食……. 평생을 쉼 없이 여일如一하게, 노동과 참선으로 일관하던 백장에게 '특별한 일' 따위는 애초에 불가능한 것이었다. 삶과 죽음조차도 특별하지 않을 이에게 하루하루의 일상이 파격적일 이유가 어디 있나? 기쁨이니, 슬픔이니 하는 거추장스러운 것들 다 떨구어낸 이에게.

질문을 던진 스님은 그래도 궁금했다. 그렇게 아무것도 아닌 일상이라면, 평범한 사람들의 삶과 다를 게 없지 않은가 말이다. 그야말로 배고프면 밥 먹고, 졸리면 자는 게 깨달은 이의 삶이라면 그게 무어 그리 대단한가? 그래서 물었을 것이다.

"특별한 일은 없습니까?"

"그래, 특별한 일이 있지. 이렇게 대웅봉 위에 홀로 앉아 있지 않은가?"

그는 후학들과 어울려 쉼 없이 호미를 휘둘러댔지만, 사실은 홀로 초인이었다. 누구도 침범하지 못할 절대 고독 속에 오롯하게 자리 잡고 있었던 것이다. 험준한 산봉우리 위에서 거세고 찬 바람을 맞으며 삶을 초탈하고 있었던 것이다.

혼자 있어 본 사람은 안다. 아무 말 없이, 누구와도 대면하지 않은 채 지내는 것이 얼마나 외로운 일인가를……. 그것은 고통스럽고 때론 공포스러운 체험이다.

그러나 그렇게 혼자 있어 본 사람만이 안다. 절대 고독의 경험 없이, 복잡하게 얽힌 이 세상의 인연을 끊어낼 수 없다는 것을…….

백장뿐 아니라 진지한 삶을 꿈꾸는 자라면, 누구라도 그런 고독에 침잠해야 할 것이다. 그러나 그만, '특별한 일'을 물었던 스님은 백장에게 세속의 예를 갖추고 말았다. 그러니 곧장 얻어맞고 말지! 어차피 이 삶은 혼자 갈 수 밖에 없는 길이라고, 친절하게 주의를 주었거늘…….

가리지 않고 받아들이는 연습

한 수행자가 조주에게 물었다.

"조주란 대체 무엇입니까?"

조주가 답했다.

"동문, 서문, 남문, 북문."

고불古佛 조주에 대한 제자들의 도발은 참으로 갖가지인데, 조주는 이래도 그만, 저래도 그만 하는 식으로 잘도 넘어간다. 그런데 그렇게 술술 넘어가는 중에도, 그냥 지나칠 수 없는 선기를 뿜어내고 만다.

"조주란 게 대체 무엇입니까?"

노승을 앞에 두고 이런 무례가 있나. "당신이 고불로 칭송받는 것은 익히 알고 있소. 그렇다곤 하나 대관절 당신 스스로 생각하는 당신의 정체는 뭐요?" 대충 이런 얘기로 보인다.

조주는 여느 때처럼 기상천외한 방법으로 대화의 물길을 돌린다. 난데없이 동서남북 방위를 들먹인다. 피상적으로 이 대답은 조주趙州가 어린 시절 출가했던 지역의 이름인 조주曹州를 떠올리게 한다. 조주도 그런 의도를 가지고 있을 것이다. 그곳에 실제로 동문·서문·남문·북문이 있었는지는 모르겠지만.

그러나 조주의 동서남북 발언으로 지리와 방위를 떠올리는 것은 순간일 뿐이다. 조주의 에피소드는 우리의 관심을 이내, 막힘없이 활짝 열린 조주의 정신세계로 끌고 가지 않는가? 넓은 평야처럼 사방으로 툭 트인 그런 세계 말이다.

어쨌든, 자신의 정체성을 묻는 황제에게 딱 잘라 "모르오!"라 답했던 달마처럼, 조주도 자신의 정체 같은 것에는 관심이 없던 셈이다. 사방으로 열린 문과 그 사이 뻥 뚫린 공간, 그게 바로 조주다. 그 공간으로 동서와 고금이 오가고, 저 세계와 이 세계가 오간다. 그리고 숱하게 치근대는 제자들의 도발이 관통한다. 조주라는 존재는 말하자면, 무엇이든 오가게 하는 허공과 같은 존재다.

그 옛날 진시황의 시대에 책사 이사李斯는 외국 인재들의 등용을 제한하는 일이 있어서는 안 된다며 상소를 올린 적이 있다. 이사 자신이 중국 남방의 초나라 출신이기도 했다. 그 상소에 이런 말이 나온다.

"태산泰山은 한줌의 흙도 사양하지 않았기에 큰 산이 될 수 있었고, 황하黃河는 조그만 물줄기도 가리지 않았기에 깊은 물이 될 수 있었다."

사람 사는 일이든, 자연의 일이든 모두 그런 식이다. 자유로운 유통이 가져다주는 효용은 막대하다. 큰일이 이뤄지고, 큰 사람이 만들어지는 것은 언제나 그렇게 허허로운 받아들임을 통해서다.

조주의 동서남북은 물론, 그렇게 허허로운 받아들임에 허허로운 내놓음까지 덧붙이고 있다. 아무런 걸림도, 거침도 없는 경지다. 그러니 고불 소리를 들었을 것이다.

조주의 경지가 쉬울 리 없지만, 그래도 흉내는 내봐야겠다. 가리지 않고 받아들이고, 받아들였으면 또 연연해하지 않는 그런 훈련…… 누구와도 또 무엇과도 격의가 없어 사방으로 열린 문처럼 허허롭다면 그 누구라도 조주처럼 붓다의 삶을 누릴 수 있으리라.

세상사가 건네주는 고단함에 지나치게 힘들어 할 필요는 없다.

세상이 주는 아름다움에 쉬이 취해서도 안 된다.

힘들건, 아름답건 그 세상이 바로 나 자신이기 때문이다.

11장
높고 깊은 깨달음
세상이 바로 나 자신이었네

개미는 더듬이를 통해 세상을 느낀다. 사람은 오감伍感을 통해
세상을 안다.

여기 코끼리 한 마리가 있다. 사람은 멀찌감치 떨어져서 코끼
리를 알아본다. 그리고 피한다. 개미는 코끼리의 전모를 보지 못
한다. 못 보니 놀라지도 피하지도 않는다. 코끼리 발등을 평생(그
래도 1년은 된다!) 헤매고 다녀도, 코끼리가 무엇인지 모른다.

개미의 세상과 사람의 세상은 전혀 다른 세상이다. 이럴 때, 어
떤 세상이 진짜 세상인가? 그래도 그렇지 인간을 너무 무시한 것
같다. 인간은 단순하지 않다. 보이는 대로, 들리는 대로, 만져지
는 대로만 살아간다면 원숭이, 유인원이다. 그러나 사람은 원숭
이도 아니고, 오스트랄로피테쿠스도 아니다.

서양 철학자 칸트는 오감을 넘어서는 기준을 제시했다. 깔끔
한 기준이다. 시간과 공간, 원인과 결과, 현존과 부재 등 몇 개의

카테고리에 따라 세상을 인식하는 게 사람이라고 했다. 그러나 그렇게 얘기해놓고도 큰 자신감은 없었는지 10여 개의 카테고리로도 파악할 수 없는 세상에 '물자체物自體'란 절묘한 이름을 붙여 놓고는 한 발자국 물러섰다.

그렇게, 세상은 정말 모른다. 개미도 모르고, 원숭이도 모르고, 칸트도 모른다. 오랫동안 알려고 애써왔으나, 누구도 알지 못한다. 왜일까?

세상 밖에서 세상을 보려 하니 모를 수밖에. '나'를 세상에서 떼어 놓으면, 세상은 늘 나를 압도하고 밀쳐낸다. 나는 소외되고, 초라해진다.

그러나 초라해지는 바로 그 순간, 초라함을 인정해보는 것은 어떤가? 초라함 속에 편히 잠겨보는 것이다. 엄마 뱃속에서 세상 모르고 잠든 아기처럼……. 그렇게 나와 세상이 한 몸 되는 순간, 초라함 같은 건 죄다 허구가 된다. 대립과 긴장이 사라진 곳에서 안락이 샘솟는다. 신비하고 숭고한 일이다. 선의 한 효용이다.

자, 다시 선사들의 고삐 풀린 대화들이다. 그들이 자신과 세상을 동시에 허무는 진기한 광경을, 어깨 힘 모두 빼고 편안히 보라!

세상에 취하지도, 힘들어하지도 말라

당唐의 대부大夫 벼슬을 지니고 있던 육환이 남전과 얘기를
나누다 물었다.

"천지와 나는 같은 근원이고, 만물과 나는 하나라는 말이 있
습니다. 대단한 경지 아닙니까?"

남전이 뜰 앞에 피어 있는 꽃을 가리키며 "대부!" 하고 불렀
다. 그리고 말했다.

"세상 사람은 이 꽃을 꿈결처럼 바라보기만 하지!"

육환陸亘이 전한 천지天地 이야기는 4세기 승조 법사의 말
이다. 생소한 이름이지만, 위대한 번역가 구마라집鳩摩羅什
(344~413) 문하의 4대 철인 중 하나다. 구마라집은 엄청난 내공
의 소유자였다. 어마어마한 분량의 불교 경전을 독창적으로 해
석하고 기적에 가까운 능력으로 옮겨냈다. 구마라집의 수제자
였던 승조의 내공도 미루어 짐작할만하다. 그러니 이런 말을 했
을 것이다.

天地與我同根 萬物與我一體(천지여아동근 만물여아일체)

천지와 내가 같은 근원이요, 만물과 나도 하나라…….

이건 하나의 비유일까? 아니면 연기緣起가 지배하는 세상사에 대한 상징?

적어도 현대인들에게라면 그것은 비유·상징인 동시에 실재實在에 대한 묘사이기도 하다. 내가 만물·천지와 한 몸이란 사실은 현대의 물리·천문·생물학이 증명하고 있는 내용이기 때문이다.

저 우주의 별들은 수시로 태어났다가, 수시로 죽어간다. 그 탄생과 죽음은 대단히 격정적인 것이어서 상상하기 어려운 요동과 폭발을 동반한다. 그렇게 반복적인 핵융합 속에서 이 우주는 갖가지 원소들을 만들어냈고, 그 흐름 속에서 지구는 그 원소들의 합, 그 이상도 이하도 될 수 없는 운명이었다.

지구가 그러하니 그 위의 바위·식물·동물, 그리고 인간도 똑같은 처지다. 그도 우주에서 날아온 원소들의 집합에서 한 치도 벗어날 수 없다. 측량하기 어려운 세월에 걸친 합종연횡·이합집산을 통해 탄생한 탄소·질소·수소·철이 없다면, 지구도 없고 지구 위의 그 어느 것도 있을 수 없다.

이때쯤 비유, 혹은 신비주의적 언사로 취급하던 많은 얘기들이 실재가 되고, 분석이 되고, 과학이 된다. 꽃 한 송이가 우주요, 우주가 꽃 한 송이라는 얘기는 극명한 사실 묘사가 되고, 티끌 하나에서 우주를 발견한 사람은 실증적 분석의 대가 자질을 지닌 것으로 판명난다. 무생물·생물을 가리지 않고 이뤄지는 불교의 윤회도 신화라기보다 과학의 한 전조가 된다.

육환은 이렇게 시대를 뛰어넘어 각광받을 얘기에 정당하게 감화를 받고, 그 얘기를 남전 선사에게 전한다. 그러나 육환의 감화는 형식적인 감화에 불과했다. 천지동근·만물일체의 뜻을 말로는 이해했지만, 말을 뚫고 나간 비의를 획득하지는 못했다.

"대단한 경지 아닙니까?"라고 남전에게 물으면서도 그 경지가 무엇인지 짐작도 못했던 것이다.

그 피상적인 이해를, 남전은 그냥 넘기지 않았다. 그것은 아마도 정진에도 열심인 육환 대부에 대한 애정 때문이었을 것이다. 남전은 육환에게 주위에 흐드러지게 핀 꽃을 보라 한다. 아름다운 꽃이다. 인간 세상의 시름을 잊게 하는 아름다움이 만발하는 중이다.

그러나 그때, 남전은 "꿈에서 깨어나라"라고 육환에게 외친다. "세상 사람은 이 꽃을 꿈결처럼 바라볼 뿐이지!"

꽃과 내가 사실은 한 뿌리라는 것을, 그리하여 꽃과 내가 하나라는 것을 즉각 보라는 얘기다. 대상의 아름다움에 취해 있는 대신, 그 대상과 내가 한 몸임을 바로 지금 깨달으라는 일침이다.

세상은 나를 힘들게도 하지만, 취하게도 한다. 그러나 힘든 것도, 취하는 것도 나와 세상을 둘로 보기 때문이다. 나 없이는 단 한 줄의 의미도 갖지 못하는 게 세상이다.

그러니 세상사가 건네주는 고단함에 지나치게 힘들어 할 필요는 없다. 세상이 주는 아름다움에 쉬이 취해서도 안 된다. 내가 저 멀리에 대상화시켜 감상하듯 바라보고 있는 세상은, 단순히 바깥 경계가 아니기 때문이다. 힘들건, 아름답건 그 세상이 바로 나 자신이기 때문이다.

벼 한 톨에 담긴 세상

설봉이 대중에게 말했다.

"우주를 손끝으로 집어보니 그저 벼 한 톨 크기다. 그러나 눈앞에 있어도 알아채지 못하는구나. 모두 찾아보도록 하라."

중국 사람들의 과장이야 알려진 대로이지만, 우주를 벼 한 톨에 비유하는 것은 좀 심하다 싶은 게 사실이다.

예컨대 '와각지쟁蝸角之爭' 정도면 그래도 애교로 봐줄 만하다. 두 나라가 무슨 엄청난 일을 하는 것처럼 전쟁을 벌이고 있는데, 우주적 시각으로 들여다봤더니 고작 달팽이 뿔(와각) 위에서 벌이는 사소한 싸움에 불과하더란 얘기다. 《장자》에 나오는 에피소드다.

두 나라의 전쟁을 작디작은 달팽이 뿔 위의 싸움에 비유할 수 있는 것은, 인간들의 나라보다 훨씬 큰 어떤 공간을 머릿속에 그릴 수 있기 때문이다. '우주적 시각' 얘기도 했지만, 우주라는 무한 공간이 있으니 인간들의 영역쯤 달팽이 뿔 크기로 볼 수도 있는 것이다. 하지만 광대무변한 우주를 눈에 보일 만한 크기로 줄여버리면 그 바깥은 도대체 무엇인가? 인식상의 혼란이 불가피해진다.

우주를 둘러싼 이 불가해한 상황을 타개해주는 비책은 다름 아닌 '만법귀일'의 처방이다. 모든 존재는 하나로 귀결된다. 이 우주가 파란만장하게 전후·좌우·상하로 광대무변하게 펼쳐져 있으나, 단 하나의 그 무엇으로 귀결된다는 것이다. 우주를 객체로 보고 내 눈앞에 대상화시켜 놓으면 수많은 사연들이 끝도 없이 펼쳐지지만, 우주를 대상으로 보기를 그치는 순간 그 무한의 스펙트럼은 자취를 감추고 만다.

그 큰 우주가 어디로 증발된다는 것인가? 증발되지 않는다. 바로 우리의 마음이라는 것으로 귀결되는 것이다. 마음은 실체도 불분명하고 텅 빈 것일지도 모르지만, 손오공의 여의봉 같은 것이어서 무한한 우주를 단번에 감싸 안기도 한다.

그렇게 마음을 우주 이상의 크기로 넓히면, 이 복잡한 우주의 존재들, 그 존재들의 생성소멸이 모두 내 손아귀로 들어오고 만다. 만법귀일의 순간이고, 우주가 벼 한 톨 크기고 축소되는 순간인 것이다.

그러나 어지럽게 진행되는 세상사를 넋 놓고 바라보고 있는데, 그 실체가 제대로 보일 리가 있는가? 그러니 설봉이 꾸짖는 게 당연하다.

"눈앞에 있는데도 알아채지 못하는구나."

설봉 선사는 사실 늦된 사람이다. 그리고 남들보다 긴 수행 기간 내내 대단히 조심스럽게 스승과 제자를 섬겼던 사람이다. 가르침을 받기 위해 투자 대동 선사를 세 차례 찾아가고, 동산 양개 선사를 아홉 차례 알현했다는 얘기는 선가의 전설로 내려온다. 어디를 가든 부엌의 가재도구를 챙겨 다니며 묵묵히 공양주 역할을 했던 사람이다. 아무리 노력해도 깨치지 못하는 자신의 무능을 사형 암두에게 하소연하기도 했다.

그러나 한번 경지에 진입하고 나자 걷잡을 수 없었다. 오랜 기간의 수행 동안 쌓였던 내공을, 마치 오랜만에 터진 화산처럼 터뜨렸다. 그 엄청난 기개 앞에서 우주는 벼 한 톨이 되고 말았던 것일 게다.

설봉과 같은 기개라면 세상사의 복잡다단함쯤 아무것도 아닐 것 같다. 어차피 와각지쟁에 벼 한 톨 속의 사연일 뿐이니까.

산이었다가, 물이었다가

청원이 제자들에게 말했다.

"내가 30년 전 깨닫기 전에는 산은 산으로, 물은 물로 보았다. 나중에 선지식을 만나 깨닫고 보니 산은 산이 아니고 물은 물이 아니었다. 그리고 지금 휴식에 들고 보니 이제 다시 산은 다만 산이요, 물은 다만 물로 보인다. 그런데 이 세 가지 견해는 같은 것이냐, 다른 것이냐?"

무술깨나 한다는 사람들 보면 골격이나 움직임이 일반인들과 사뭇 다른 경우가 많다. 그럴 수밖에 없을 것이다. 오랜 수련을 통해 체형도 강단 있게 바뀌고, 동작에도 절도가 들어간다. 또 할 수 없이 자신의 무공을 스스로 의식하지 않을 수 없다. 그런 자신감과 기운은 어떻게든 바깥으로 표출되게 마련이다.

그런데 간혹, 무술과는 거리가 먼 듯 초라하고 조용해 보이는 이들 중에 고수들이 있는 경우가 있다. 눈으로 보기엔 지극히 평범해, 일반인과 다를 바 없는데 무공은 고수인 경우다. 이런 사람들 정말 있다. 언뜻 부드러워 보이는데, 움직이면 무기다.

이쯤 해서 한번 생각해보자. 무인의 기운을 바깥으로 발산하는 고수와 겉모습으로는 일반인과 똑같은 그런 고수 중 누가 더 깊은 내공을 갖고 있을까? 물론 그때그때 다르겠지만, 추세란 게 있게 마련이다.

대개 보통 사람처럼 조용한 사람이 초일류 고수일 경우가 많다. 더 올라갈 경지가 없을 정도로 무예의 수준이 무르익으면서, 무인의 기운이 안으로 수렴하는 것이다. 그럼 겉모습으로는 무술 같은 것 전혀 할 줄 모르는 보통 사람이 되고 만다.

적절한 비유를 한 것인지 모르겠다. 산이 그냥 산(일반인)이었다가, 한 차원 올라가며 산 아닌 것(고수)이 되었다가, 또다시 한 차원 올라가 도로 산(절대고수)이 되는 메커니즘을 설명하고 싶었다. 무공 수준에 따른 무술인의 풍모와 선의 세계관은 분명 다른 차원의 얘기긴 하지만.

눈 뜨면 보이는 산과 물을 어떻게 바라볼 것인가에 대한 얘기를 꺼내며 깨달음의 경지를 훌륭하게 정리해 낸 청원青原 유신惟信(?~1117)은 임제종 계열의 사람이다. 청원의 논리는 실제로 임제로부터 뽑아낼 수도 있다. 청원의 먼 스승 임제는 이런 얘기를 한 적이 있다.

"때로는 나人를 버리고 경계境를 남기고, 때로는 경계를 버리고 나를 남긴다. 때로는 나와 경계를 다 버리고, 때로는 나와 경계를 모두 남겨둔다."

더 건조한 도식이 됐다. 그래도 '경계'를 편의상 산과 물 같은 '풍경'으로 이해하고 나면 청원이 바라보던 산수山水의 모습이 얼핏 드러난다. 이런 식으로.

1) 나는 없고 경계가 있는 단계는 바로 산은 산이요, 물은 물인 단계다.

2) 경계는 사라지고 나만 남게 되면 산도 산이 아니요, 물도 물이 아니다. 모든 것은 나(또는 나의 마음)이 만들어내는 허상임을 알게 된다.

3) 그러나 나와 경계를 다 버리는 경지까지 지나면 나와 경계 모두를 다시 인정하게 된다. 산은 다시 산이 되고, 물은 다시 물이 된다.

신라 불교의 거인 원효를 생각해보자. 원효는 깨달음이 경지가 깊어진 뒤, 속세로 뛰어 내려가 사람들과 어울렸다. 결혼해 아이도 낳았다. 원효에게는 나(주체)와 경계(객체)의 이분법이 아무런 소용을 갖지 못하게 됐기 때문이다. 잠시 산이 아니었다가 다시 일상의 산으로 돌아온 경지를 몸으로 구현한 것이다. 이사무애, 원효에겐 본체와 현상, 성과 속의 구별이 이미 사라진 상태였다.

청원의 화두는 대단히 난해한 것에 속하지만, 아예 낯설지는 않다. 한국 불교의 거목 성철도 같은 화두를 던진 적이 있기 때문이다. 1980년대 초반 조계종 종정 자리에 오르면서 성철은 "산은 산이요, 물은 물이다"란 법어로 강한 반향을 일으켰다.

복잡한 불교의 인식론이야 깊이 파고들어 무엇 하리. 다만 무술의 일급 고수는 다시 보통 사람처럼 돼버리고, 고승 원효는 깨달음의 궁극에서 다시 머리를 기르고 속세로 돌아간다는 점 정도는 되새길 만하겠다.

빛을 감추고 먼지 날리는 세상을 먼지 날리며 걷든 것和光同塵(화광동진)이야말로 정말 고수의 삶이란 얘기다. 이 티끌세상을 뚜벅뚜벅 걸어가는 사람이 가장 뛰어난 사람이다. 우리의 번잡한 일상이 그대로 천국이다. "세 가지 견해가 같은 것이냐, 다른 것이냐?"라는 청원의 마지막 질문은 못들은 걸로 해도 좋겠다.

세상은 그 자체로 숭고하다

나폴레옹이 라플라스에게 물었다.

"우주에 대해 이렇게 방대한 책을 쓰면서 어떻게 창조주에 대해서는 한마디도 안 합니까?"

라플라스가 말했다.

"제게는 그 가설이 필요하지 않습니다."

선의 화두가 수천수백이라 한들, 근본 맥락의 측면에서 붓다의 첫 깨달음을 벗어날 수는 없을 것이다. 뭇 별들이 북극성을 돌고 또 돌 듯, 수많은 화두도 연기의 깨달음을 중심에 놓고 그 주위를 끊임없이 선회할 수 있을 뿐이다. 간략해서 더 강력한 그 연기의 메시지를……

이것이 있으니 저것이 있고,

이것이 생生하니 저것이 생한다.

이것이 없으니 저것이 없고,

이것이 멸滅하니 저것이 멸한다.

이 세상 모든 존재가 인연因緣에 따른 것임을 설파한 게 연기법이다. 붓다는 이 연기를 우주적인 법칙으로 이해했다. 붓다 자신이나 또 다른 깨달은 이가 만들어낸 원리가 아니란 것이다. 숱한 여래如來들이 이 세상에 출현하든지 말든지, 연기는 법계法界에 언제나 존재했고, 앞으로도 그러할 것이라는 게 붓다의 견해었다.

이 '우주적 법칙'을 생각하다가 떠올리게 되는 이가 바로 프랑스의 천문학자 라플라스Pierre Simon Laplace(1749~1827)다. 그의 '결정론적 세계관'이 어딘가 모르게 붓다의 연기를 닮았다.

결정론적 세계관은 요약하자면, 지금 이 시간부터 일어날 모든 현상이 현재까지 일어났던 과거 모든 일들의 결과라는 것이다. 라플라스는 확신을 가지고 덧붙였다. 어떤 특정 시간, 우주 모든 입자의 운동 상태를 정확히 알 수 있다면, 그 이후 일어날 모든 현상을 방정식으로 정확히 예측해낼 수 있다고……. 사소한 차이를 무시한다면 라플라스의 결정론적 세계관을 '연기'의 서양판으로 못 봐줄 이유가 없을 것 같다.

그런데 붓다의 연기든 라플라스의 결정론이든, 우주에 대해 이런 생각을 끝까지 밀고 나갈 경우 '신神'의 문제에 맞닥뜨리지 않을 수 없다. 라플라스도 그 문제를 피해갈 수 없었다. 예화는 바로 그에 대한 흥미로운 대화다. 대화에 등장하는 나폴레옹은 세계의 정복자, 바로 그 보나파르트 나폴레옹이다.

라플라스는 젊은 시절 파리 군관학교에서 학생들을 가르쳤고, 유명한 정복자 나폴레옹 보나파르트도 제자 중 한 명이었다. 역사책에 나온 대로 나폴레옹은 훗날 황제가 됐는데, 라플라스가 그 즈음 황제 나폴레옹에게 자신이 쓴 천체물리학 책 하나를 선사했다. 이미 책 내용에 대한 얘기를 들어 알고 있던 나폴레옹이 라플라스에게 물었다.

"우주에 대해 이렇게 방대한 책을 쓰면서 어떻게 창조주에 대해서는 한마디도 안합니까?"

'신神 가설 무용론'이 튀어나온 것은 바로 그때다. 상대가 나폴레옹이건 아니건 라플라스는 알 바 아니었다. 자신의 결정론적 세계관대로 라플라스는 "제게는 그 가설이 필요하지 않습니다"라고 짤막하게 답했다.

황제의 위신 따위는 안중에 없는 라플라스의 태도에 나폴레옹도 적잖이 당황했을 것이라 상상해보지만, 그런 태도에 당황할 사람은 나폴레옹 뿐만은 아니다. 타협의 여지를 주지 않는 라플라스의 쾌도난마식 답변은 첨단과학의 시대, 그래서 어찌할 수 없이 유물론을 지니고 사는 현대인들에게도 당혹감을 안긴다.

신의 존재에 대한 판단이 무의미할 수 있다고 생각하는 것은 현대인들도 라플라스와 마찬가지다. 그래도 현대인들은 굳이 "신은 없다"라거나 "신에 대한 가설은 필요하지 않다"라고 단정하고 싶어하지 않는다. "만일 신이 존재하지 않는다면, 인간은 신을 만들어냈을 것"이라는 계몽 사상가 볼테르(1694~1778)의 말이 아니더라도, 이 막막한 세상을 홀로 건너가는 동안 사람들은 초월적인 무엇인가를 찾게 마련이니 말이다.

너무 멀리까지 온 것인가?

그러나 연기가 됐든, 과학적인 결정론이 됐듯 이 세상을 건조하고 삭막하게 바라볼 근거가 되는 것은 아니다. 신이 없어도, 배후에 아무것도 존재하지 않아도 세상은 충분히 풍요롭고 숭고한 장소이기 때문이다.

언제나 제자리 찾아가는 눈송이처럼

길 떠나는 방거사를, 약산이 몇 명의 선객禪客을 시켜 배웅하게 했다. 거사가 문득, 하늘에서 내리는 눈을 가리키며 말했다.

"좋구나, 송이송이 내리는 흰 눈! 저마다 제자리를 찾아가누나."

약산은 약산藥山 유엄惟儼(745~828)이다. 방거사龐居士(?~808)와 약산 모두 석두 희천에게 배웠다. 방 거사는 크게 보아 석두와 함께 8세기 중국 선불교를 양분하고 있던 마조가 인정했을 만큼 선기가 뛰어난 사람이었다. 당대의 걸출한 선사 두 사람

모두의 인정을 받은 인물이었던 것이다.

"신통이니 묘용이니 하는 것들, 그저 물 긷고 땔나무나 나를 뿐"이란 게송은 많은 이들이 즐겨 암송하는 축에 끼는데, 그것도 방거사의 것이다.

방거사는 원래 큰 부자였다 한다. 부인과 딸 앞에서 재산을 모두 버리겠다고 선언하고는, 집안에 있는 돈과 온갖 보석들을 동정호洞庭湖에 쓸어 넣어버렸다 한다. 이후 산골 오막살이로 들어가 그곳에 자라는 대나무로 조리를 만들어 내다 팔며 생계를 유지했다. 모르긴 해도 자신의 말처럼 "물 긷고 땔나무 나를 뿐"인 생활을 살았으리라.

그렇게 거친 수행을 마다 않은 선가의 한 식구이다 보니, 약산도 길 떠나는 그를 소홀히 대접하고 싶지는 않았을 것이다. 절에서 선을 수행하던 몇몇을 시켜 배웅하게 하는데, 거사의 말이 멋들어진다. 겨울이었던지 마침 하늘에서 눈이 내리기 시작할 때였다. "좋구나, 송이송이 내리는 흰 눈! 저마다 제자리를 찾아가누나."

절 앞, 심원해 보이는 산길을 어지럽게 흩날리는 눈발. 눈앞에 펼쳐지는 수천만, 수백만의 눈송이의 향연에서 방거사는 남다른 장관을 발견했다. 무질서하게 내려오던 눈송이들이 땅에 안착할 때쯤엔, 저마다 정해진 자신의 자리를 찾아가고 있는 광경을 본 것이다. 가지런히 쌓이는 눈을 보며 방거사는 "좋구나!"를 외쳤다.

화두를 정리해 전한 이는 방거사를 수행하던 이들을 선객의 무리로 지칭했다. 방거사의 눈에 대한 소회가 나온 후 벌어지는 상황을 보면, 화두를 정리한 이가 선객을 등장시킨 연유를 짐작할 수 있다. 선객 중 한 명이 방거사의 발언이 괜한 감상이라 생각한 듯 시비를 걸다 혼쭐이 나기 때문이다. 선객은 "그럼 어디에 떨어지느냐?"며 시비하고, 방거사는 말없이 그를 한 대 때리고 만다. 방거사를 수행했던 선객들은 그러니까, 수행깨나 한다면서 절 한구석을 차지하고 있지만, 별 무소득인 그런 무리들이었던 것이다.

방거사가 석두에게 배웠다는 얘기는 이미 했다. 어느 날 석두가 거사의 경지를 떠보기 위해 물었다.

"나를 만난 후에 날마다 하고 있는 일이 대체 무엇인가?"

거사가 답했다.

"하루하루의 일을 물으셔도 구태여 답할 것이라곤 없습니다."

방거사가 "신통이니 묘용이니 해봐야, 물 긷고 나무 나르는 일뿐인 것을……"이라며 게송을 읊은 것도 그때 석두 앞에서였다. 거사의 경지를 확인한 석두는 거사의 거취에 대해 물었다.

"그건 그렇다 치고, 자네는 스님이 되려는가, 재가 수행자로 남을 것인가?"

거사는 그냥 방거사로 남았다. 흩날리는 눈이 그냥 떨어지는 것 같아도 실은 자기 자리를 찾아 들어가는 것처럼, 그도 자신의 자리를 찾아간 것뿐이었으리라.

파도 밑, 거대한 바다의 흐름

한 스님이 대룡에게 물었다.

"이 몸은 죽으면 없어집니다. 죽어도 없어지지 않는 법신法身은 어떤 건가요?"

대룡이 말했다.

"산에 핀 꽃은 울긋불긋 아름답고, 골짜기 물은 깊디깊어 짙푸르구나."

대룡大龍 지홍智洪은 덕산 선사 쪽 법맥을 잇는 송나라 때 선사다. 기록이 많이 남아 있지는 않은데, 대단히 시적인 인물이었던 모양이다. 어떤 스님이 "미묘微妙란 어떤 것이냐?" 묻자 "바람은 물소리를 베갯머리에 실어다 주고, 달은 산 그림자를 침상에 옮겨 주네"라 대답했다 한다.

그 정도 시적인 인물이었으니 그만했다. 만약 황벽이나 임제처럼 대담무쌍하고 괄괄한 선사였다면, 질문을 던진 스님은 아마도 크게 한번 당했으리라. 아마도 스님의 색신을 두들겨 팼을 것이다.

"이 몸이 죽으면 없어집니다. 죽어도 없어지지 않는 법신은 어떤 건가요?"

어리석게도 색신色身과 법신法身을 일도양단一刀兩斷하듯 구분하고 말았기 때문이다. 살아선 팔팔하다가도 죽으면 흔적도 없이 사라지는 이 몸이 색신이고, 형상을 여읜 채 영원불멸하는 존재가 법신이다. 인간 예수가 색신이면, 신으로서의 예수는 법신이다. 색신을 현상이라 하면, 법신은 본체일 것이다.

그러나 둘은 떼어내 얘기할 수 있는 그런 게 아니다. 분별하면 함정에서 헤어나지 못한다. 그런데 스님은 "색신과 다른 법신은 어떤 건가요?"란 질문으로 자신을 깊은 구렁에 밀어 넣었다.

참으로 관대하게도 대룡은 성 한 번 내지 않고, 분별심에서 헤어나지 못하는 스님의 시선을 그저 멀고 아스라한 풍경으로 돌려준다.

"산에 핀 꽃은 울긋불긋 아름답고, 골짜기 물은 깊디깊어 짙푸르구나."

울긋불긋하고 짙푸른 꽃과 물……. 대룡은 자연의 색신을 보여주려는 것인가? 그렇다면 공안은 이런 식으로 요약되고 만다.

"법신이 무엇입니까?"

"색신이지!"

그러나 대룡이 보여주려 한 것은 겉으로만 드러난 자연의 현상 따위는 아니었을 게다. 대룡과 스님이 눈 돌린 곳에는 울긋불긋 아름다운 꽃과 함께 그 꽃을 피워낸 웅장한 산이 건재했다. 짙푸른 색의 물과 함께 그 물을 품은 계곡이 오롯했다. 그 풍경은 꽃이 지고, 물이 마른다 해서 사라지지 않는다. 법신은 색신을 내뿜고, 색신은 법신을 의지하는 공간, 그렇게 색과 법이 혼연일체로 우뚝 선 풍경이다.

색신·법신을 논외로 하더라도, 세상을 사는 우리들의 분별은 참으로 어리석고 줄기차다. 눈에 보이는 성공만을 평가하지, 성공의 저변을 흐르며 성공과 그대로 한 몸뚱이인 노고에 대해서는 까맣게 잊는다. 누구의 것이든 화려한 겉모습에만 감화를 받지, 그 화려함 뒤의 인내와 수고에 대해서는 눈을 감는다.

생과 사, 색과 공, 번뇌와 보리, 그 불이不二(차별 없음)에 대해서는 까맣게 잊고 산다.

거품을 내며 빠르게 돌진하는 파도만 쳐다볼 뿐 깊은 바닷속 거대한 흐름은 짐짓 잊는다.

누구에게나 떠남과 이별은 혼란스럽고 고통스럽다.

그러나 처절한 비애와 회한의 경험 없이 삶의 본질에 다가서지는 못한다.

동서와 고금을 막론하고, 인류의 스승들이 광야로,

저잣거리로 자신을 내몰 수밖에 없었던 것도 아마 그런 이유일 것이다.

12장

주저 없이 떠나기

변해야만 새로워진다

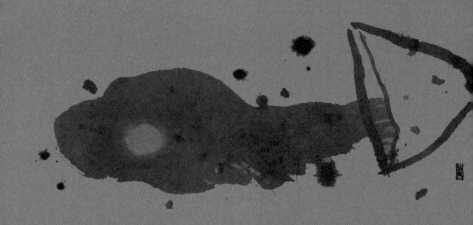

떠남은 자신을 둘러싼 세계를 교체하는 일이다. 다른 세계 속에 자신을 내던지는 과격한 방법이다. 삶의 행로와 스타일을 한꺼번에 바꾸는 일이다.

쉬울 리 없다. 일상적인 일이 아니다. 혁명 같은 일이다. 혁명도 작은 혁명이 아니다. 천지가 흔들리고, 온 우주가 굉음을 낼 일이다.

그러나 떠나지 않고 성취는 없다. 있다한들 미약하다. 기독교도와 이슬람교도와 유대인들의 정신적 조상 아브라함을 보라. 늙은 몸을 이끌고 메소포타미아를 떠나 이집트로, 가나안으로 행군했다. 기약도 없었다. 그저 단 한 마디, 그들이 믿는 신의 짧은 메시지가 있었을 뿐이다.

"고향과 친척과 아버지의 집을 떠나 내가 네게 보여줄 땅으로 가라!"

그 한마디뿐이었다.

신약의 예수도 광야로 떠났고, 이슬람의 무하마드도 메카를 떠나 메디나로 향했다. 붓다도 왕궁을 떠나 몇 년을 떠돌았다.

선불교의 창시자 혜능도 떠났다. 궁벽한 고향에서 《금강경》한 구절에 마음을 뺏기고는 곧장, 스승을 만나겠다며 길을 떠났다. 달마의 가사와 바리때를 전수받은 뒤 쫓기듯 강을 건넜고, 이후 15년을 더 유랑했다.

혜능의 후예인 선사들도 간소한 괴나리봇짐 하나 메고 행각을 떠나기 일쑤다. 떠나는 이들의 마음가짐은 어떠해야 하는가? 한 치의 주저함 없는 그들의 떠남을 감상해보라!

떠나는 자만이 일궈낸다

중국 양쯔강의 작은 나루터에 20대의 젊은이와 한 노인이 서 있다. 청년과 노인은 서로 노를 젓겠노라 다투고 있다. 노인이 아쉬운 눈빛으로 말했다.

"마지막이니 내, 너를 건네주겠다."

"깨우치기 전이야 스승님이 건네주셨지만, 이제 스스로 건너가야죠."

젊은이는 홀연히 노를 저어 떠난다.

노인은 오조伍祖 홍인이고 젊은이는 육조六祖 혜능이다. 선불교에서는 달마를 초조初祖, 즉 첫 번째 조사라 이르지만, 그야 전설에 가깝고 선의 실질적 창시자는 달마로부터 여섯 번째의 조사인 혜능이다. 따라서 1,300여 년 전 중국의 조그만 나루터에서 있었던 노인과 젊은이의 애틋한 이별, 그 떠남은 곧 선의 시작이다.

무릇 떠나는 자만이 무언가 일궈내게 마련이다. 떠난다는 것은 새로운 세계를 만나는 일이고, 새로운 세계 속에서 새로운 나를 발견한다는 것이다. 새로운 세계는 또 다른 면에선 장애인 동시에 한계이기도 하다. 새로운 세계를 거닐기 위해서는 장애를 극복하고, 한계를 철폐해야 한다.

혜능은 나루터에서 스승과 이별하기 전, 깨달음에 대한 인가를 받았다. 그러나 인가를 받은 제자가 족보 없는 남방 출신의 나무꾼이었던 탓에, 스승은 달마로부터 전해 내려왔다는 가사를 비밀리에 전달할 수밖에 없었다. 그들의 이별은 아마도 밤중이나 새벽에 은밀하게 이뤄졌을 것이다. "마지막이니 내가 건네주겠다"라는 스승과 "깨달았으니 스스로 건너야죠"라는 제자의 실랑이는 그래서 더 애틋하다.

그 광경이 어떤 모습이었든, 이후 선의 역사를 써나간 혜능의 잠재력은 방랑을 통해 그가 겪은 고초와 신산에 있었으리라. 전승에 따르면, 혜능은 황급히 스승의 곁을 떠난 후 15년을 숨어 지냈다. 마흔 가까울 때까지 때론 사냥꾼의 무리에 섞여, 때론 저잣거리에서 자신의 신분을 숨긴 채 고단한 여행을 계속한다.

그걸 구도의 여행이라 할 수 있을까. 현란한 수사로 그의 여행을 멋지게 채색할 수는 있다. 그러나 혜능에게 15년은 그저 외롭고 고달프고 슬픈 여정이었을 따름이다. 계속 초라해져만 가는 자신을 느껴야 했다.

그 초라함. 자신이 사실은 아무것도 아니며, 기껏해야 길 위를 구르는 돌멩이 정도의 존재일 뿐이라는 자각. 그러나 그렇게 밑바닥으로 내려가지 않고 도대체 어떤 깊이 있는 깨달음이 가능한가. 스스로 무화無化시켰기에 혜능은 세상의 스승으로 우뚝 설 수 있었다.

누구에게나 떠남과 이별은 혼란스럽고 고통스럽다. 그것은 비애이면서 회한이다. 그러나 처절한 비애와 회한의 경험 없이 삶의 본질에 다가서지는 못한다. 동서와 고금을 막론하고, 인류의 스승들이 광야로, 저잣거리로 자신을 내몰 수밖에 없었던 것도 아마 그런 이유일 것이다.

자, 우리들은 어디로든, 떠날 채비가 되어 있는가? 혹시 여행을 겁내고 있는 것은 아닌가?

떠날 때는 마음을 비워놓고

법안이 구도 여행 중에 지장사라는 절에 묵었다. 며칠을 머물다 다시 길을 떠나려는데, 내내 별말 없던 이 절의 스님 나한이 나타났다. 나한은 멀찍이 떨어진 바위 하나를 무심한 듯 쳐다보면서 법안에게 말을 건넸다.

"삼계三界는 마음일 뿐이요, 만법萬法은 지식일 뿐이라고들 한다."

법안은 고개를 끄덕여 동의를 표시했다. 나한이 물었다.

"그럼 저 돌은 마음 안에 있더냐, 밖에 있더냐?"

법안이 아무렇지 않게 답했다.

"마음 안에 있습니다."

나한이 물었다.

"행각승이 어찌하여 돌을 마음에 두고 다니는가?"

육조 혜능이 아직 세상에 자신을 드러내기 전, 남해현南海縣의 한 절에 들러 인종 스님의 《열반경》 강의를 들은 적이 있다. 마침 거센 바람이 불어 나무에 매달아놓은 깃발 하나를 흔들어 댄다. 인종이 "무엇이 보이는가?"라고 대중에게 물었다. 스님들이 답했다.

"깃발이 움직입니다."

"바람이 움직이고 있습니다."

인종은 마뜩찮다. 그때 혜능이 나선다.

"바람도, 깃발도 움직이지 않습니다. 두 스님의 마음이 움직일 뿐입니다."

이게 이런 식이다. 일체유심조一切唯心造! 모든 것은 마음이 만들어낸다. 심외무법心外無法이니 마음 밖에 진리가 있을 수 없고, 즉심시불卽心是佛이니 그 마음이 곧 부처일 따름이다. 다시 말하지만 문제는 언제나 마음인 것이다.

그러나 그 마음에 집착하는 순간, 우리는 또다른 벽에 부딪친다. 마음이 수행자의 발목을 잡고, 깨달음을 가로막는 것이다. 언제나 마음이 문제인 것이다. 중요하다는 의미에서가 아니라, 문젯거리라는 의미에서……. 마음의 이 굴레를 어떻게 벗어날 것인가?

법안은 법안종의 창시자인 법안 문익(885~958)이다. 그도 젊은 시절 마음의 굴레로부터 자유롭지 못했다. 지장사라는 절에 머물다가, 다시 행각을 떠나려는 중에 그동안 말도 별로 걸지 않던 선사 나한 계침(867~928)이 나타나는데, 그에게 된통 걸려들고 만다.

나한은 슬쩍 마음의 중요성을 환기시킨 후, 그리 어렵지도 않은 듯한 질문을 던지는 것이다.

"저 돌은 마음 안에 있는가, 바깥에 있는가?"

당연히 마음 안에 있다고 대답하는 순간, 법안은 크게 엇나간다. 비워야 할 마음에, 사실은 실체 없는 마음에 묵직한 돌을 하나 들여놓고 만 것이다.

옛날에 똑똑한 바다거북이 하나 있었다. 이 거북이는 모래 속에 알을 낳아 놓고는 바다로 돌아가는데 그냥 가지 않았다. 다른 짐승이 알의 위치를 알아채지 못하도록, 자신의 발자국을 꼬리로 지우며 떠났다. 꼬리를 좌우로 흔들며 발의 흔적을 지우려

한 것이다. 그러나 그 꼬리 자국은 어디로 사라지나? 꼬리의 흔적 때문에, 거북은 알을 잃고 만다.

자신이 정말 모든 것을 후련하게 버렸는지 알려면, 어디론가 훌쩍 떠나봐야 한다. 사실은 어디로 떠날 필요도 없다. 우리 삶이 항상 떠남의 연속이니까……

하루하루의 시작에 내 마음속을 한 번씩 들여다보라. 그 속에 떠남을 방해하는 돌은 없는지. 만약 돌이 있거든, 돌을 없애려 하지 말고, 마음이란 걸 한번 없애보라.

맺힌 것은 반드시 풀린다

"염주 끈 풀렸다. 나 다녀간다 해라. 먹던 차는 다 식었을 게다, 새로 끓이고. 바람 부는 날 하루 그 곁에 다녀가마. 몸조심들하고, 기다릴 것은 없다."

어디 공안집에 나오는 화두는 아니다. 화두가 아니라고 해도 할 말 없다. 1990년대 초반 누구에겐가 선물 받아 오랫동안 책장에 꽂혀 있는 목판화가 이철수 선생의 작품집에 담긴 내용이다. 1992년 작 '좌탈坐脫'이라고 되어 있다.

전통의 화두는 아닐지 모르나, 생사를 걸고 생사를 뛰어넘고 자 하는 학인들에게 어느 유명 공안 못지않은 충격을 준다고 생 각한다. 생사의 경계를 무시하는 노 선사의 당부가 스산하면서 도 따사롭지 않은가?

염주 끈이 풀렸다고 했다. 그렇지 않아도 삶은 맺힌 것이다. 흔히 '오온五蘊'이라 칭하는 다섯 가지 요소가 이리저리 모이고 뭉뚱그려져 인간이 된다. '색色'은 육체, '수受'는 감정과 감각, '상想'은 개념작용이다. '행行'은 의지요, '식識'은 인식이다.

맺힌 것은 풀려야 하는 것이고, 오온의 삶도 죽음과 함께 스 르르 풀린다. 염주 끈 풀리듯이……. 그렇게 맺힌 게 풀리고, 풀 린 게 다시 맺히는 게 삶과 죽음이다. 집착하고 또 집착하나 삶 은 그런 순환의 고리에서 그저 순간일 뿐이다. 선사는 "나 다녀 간다 해라"라고 짤막하게 인사한다. 식은 차는, 이제 떠나는 자 신을 괘념치 말고 다시 끓여 먹으라고 말할 뿐이다.

판화를 보며 육조 혜능의 입적을 떠올렸다. 일자무식 나무꾼 으로 겨우겨우 생계를 유지하다 천년 불교의 흐름을 완전히 바 꾸어낸 인류의 스승으로 거듭난 인물. 그의 죽음은 어떠했던가?

혜능은 76세이던 713년 어느 가을, 한 달 후 인간 세상을 떠 날 것이라 천명한다. 제자들은 울음을 참지 못한다. 고작 하택 荷澤 신회神會만이 흔들리지 않는 표정이다. 울고 있는 제자들을 보며 혜능이 말을 꺼냈다.

"그대들이 슬퍼하는 것은 내가 가는 곳을 알지 못하기 때문이겠지. 내가 가는 곳을 안다면 슬퍼할 리가 없을 텐데."

그곳은 어디일까? 호기심 어린 눈을 치켜 올리는 제자들에게 혜능이 조용하게 웃으며 말했다.

"법성法性에는 생멸生滅이나 가고 옴去來이 없는 것이다!"

그러나 법성은 그렇다 치고, 무심한 세월 속에 하나둘 우리 곁을 떠나가는 이들에 대한 애절함을 지금 당장에는 어찌할 것인가? 바보의 일이지만, 그래도 기다려야 할 것이다. 노 선사의 말처럼, 바람 부는 날 하루 그 결에 잠깐 다녀갈지도 모르는 일이니.

걸어야 길이 생기지

제자가 물었다.

"도道는 무엇입니까?"

운문이 답했다.

"거去!"

"거去!"는 "가라!" 정도로 해석하면 되겠다. 그런데 "가라!"라고 쓰지 않고, 굳이 한자어를 쓴 이유가 있다. 운문의 대답이 한 글자임을 나타내기 위해서다. 운문은 제자의 질문에 아마도 의식적인 것이겠지만, 이렇게 한 글자의 단어로 대답을 한 적이 몇 번 있다.

제자 : 운문이 얘기하는 하나의 길이 무엇입니까?

운문 : 친親!

제자 : 부모를 죽인 사람은 붓다 앞에서 참회할 수 있습니다. 그러나 붓다와 조사를 죽였다면 어디에서 참회합니까?

운문 : 노露!

하나의 길에 대해 묻자, 운문은 "친!"이라고만 했다. "직접 체험하라!" 정도로 해석하면 되겠다.

두 번째 문답은 더 어렵다. 수행자가 붓다와 조사를 죽였다. 어떻게 참회해야 하나? 운문은 "노!"라고만 했다. "드러나 있다!"라는 뜻이다. 무엇이 드러나 있다는 것인가? 어디에서 참회해야 하는지 그 장소가 드러나 있다? 그건 아닐 것이다. 붓다와 조사를 제대로 죽였다면, 붓다와 조사라는 허상을 타파할 수 있었다면 그는 아마도 즉각 거듭났을 것이다. 참회는커녕 그 자리가 바로 진리가 드러난露 자리라는 뜻일 수 있다.

뜻풀이는 이 정도로 하자. 그보다 운문은 왜 제자들에게 한 글자로 대답했을까? 스승의 고뇌가 반영된 고육지책은 아니었을까?

선에서 스승과 제자의 관계는 '줄탁동시啐啄同時'에 비유된다. '줄'은 부화의 순간에 달걀 속 병아리가 안쪽에서 껍질을 쪼는 것, '탁'은 어미 닭이 밖에서 알을 쪼는 것을 말한다. 줄과 탁이 같은 순간에 일어나야 병아리가 세상을 본다. 그래서 줄탁동시다.

제자의 '줄'은 거의 본능에 가깝지만, 스승의 '탁'은 지난한 일이다. 말로 설명을 해주고 싶지만, 말로 무엇인가를 가리킬 수는 없다. 말 없는 곳에 말로써 도달하려는 교教와 달리 선은 명쾌한 설명과 지시를 허용하지 않는다. 다른 이유가 아니다. 그게 불가능하다고 생각하기 때문이다.

다른 선사와 마찬가지로 운문도 제자를 달걀 속에서 꺼낼 수 있는 묘책을 궁리하고 또 궁리했을 것이다. 한 글자의 대답은 어쩌면 그런 맥락에서 나온 타협이었을 것이다. 선에 특유한 동문서답(물론 세속의 눈에서 볼 때 그러하단 얘기다)을 피하는 동시에, 갑작스런 외침인 할喝과 몽둥이를 이용하는 방棒도 피할 수 있을까?

그런 의미에서 한 글자 대답은 운문의 독창적 실험이었다 할 것이다. 한 글자는 무언가 암시할 수는 있다. 그러나 온전한 뜻을 만들어내지는 못한다. 무엇을 직접 가리키지는 않되, 어떤 세계를 환기시키는 그런 용도였을 것이다. 물론 일상에서라면, 동문서답·할·방과 다를 바 없이 어색하기만 한 커뮤니케이션 방식이겠지만······.

그건 그렇다 치고, "도가 무엇이냐?"고 묻는데 "가라!"고 얘기하는 것은 또 무슨 뜻인가?

'하나의 길'을 묻는 질문에 "친!"이라고 외친 것과 비슷한 맥락 아닐까 싶다. 운문은 자신의 길을 알고 싶으면 직접 체험하라親고 했다.

깨달음 자체로서의 도든, 깨달음을 향한 도정으로서의 도든 마찬가지이리라. 정답은 자신 아닌 누구도 제시해줄 수 없다. 그러니 일단 "가!"라는 것이다.

걷지 않으면 길은 생기지 않는다.

길을 아는 것과 걷는 것은 다르다

한 스님이 조주에게 말했다.

"선의 참뜻을 들려주십시오."

조주가 답했다.

"오줌 좀 눠야겠군."

"……."

"생각해보게. 이런 사소한 일조차 나 자신이 몸소 해야 하는데!"

세상에서 가장 고귀하고 중요한 것에 대해 묻는데 조주는 오줌이 마렵다고 한다. 당혹스럽기 그지없다. 다른 모든 것을 떠나서, 이런 터무니없는 대화가 이뤄질 수 있다는 것이 놀라울 뿐이다.

선에선 언제나 그렇고 성과 속이 대립하고, 추상과 구체가 맞선다. 제자들은 늘 올라가려고만 하는데, 스승은 언제나 잡아내리려고만 한다.

그러나 갑작스러운 반전이 갈등을 해소한다. 기묘한 상황과 제자의 반발은, 스승이 나지막하게 던지는 최후의 한마디에 급속하게 수그러든다.

"생각해보게. 이런 사소한 일조차 나 자신이 몸소 해야 하는데!"

여전히 일상적인 말 한마디에 여러 겹으로 얽혀 있던 대립이 무너진다는 게 어찌 보면 신기하기까지 하다.

그렇게 대립과 갈등이 무너진 자리에서 직접 체험하는 일의 신비가 솟아오른다. 이론과 논설은 그야말로 이론과 논설일 뿐이다. 수많은 이론들이 내 머릿속으로 들어와도, 그것은 그저 남의 말일 뿐이다. 오줌이 마려우면 오줌을 눠야 안락이 찾아오고, 목이 마르면 직접 물을 마셔야 갈증이 해소된다. 선은 배움이 아니라 체험이다. 그 체험은 아무도 대신 해주지 못한다.

어느 책에선가 19세기 서양 철학자 쇼펜하우어의 문장 하나를 보고는 예사롭지 않아 적어 둔 적이 있다.

"다른 사람들의 머리는 진정한 행복이 자리 잡기엔 너무 초라한 곳이다."

주로 쇼펜하우어의 이름을 내세운 《인생론》이란 이름의 책들에 많이 발췌 소개되는 '소품과 단편집'에 실린 단상이다. 아무리 대단한 인물이 나에게 값진 이론을 전수해주어도 그 이론은 그 인물의 머릿속에서 탄생해 그곳에 자리 잡은 이론일 뿐이다. 그래서 수많은 이론의 거처는 어느 경우든 기껏해야 다른 이의 머리일 뿐이다.

그런데 내 행복은 그런 남의 이론과 그 이론의 거처에서 나올 수는 없다. 내 행복은 아주 냉혹하게도 나 자신에게서만 나온다. 깨달음도 마찬가지다. 아무리 사소한 일도 내가 직접 실행하고 체험하지 않으면 전혀 내 것이 아니다.

　길을 아는 것과 걷는 것의 차이라 해야 할까. 상상 속에서 유라시아 대륙을 횡단하느니, 문을 박차고 나고 흙바닥을 한두 걸음이라도 걷는 게 여러모로 낫다. 길은 몸소 걸어야 생긴다.

○ 선

대략 세 가지 뜻이 있다. 그로 인해 약간의 혼란이 있다. 문맥을 살펴 뜻을 취해야 한다.

하나는 어원에 따른 풀이다. 산스크리트어의 '디야나'를 중국에서 선나禪那로 음역했다. 그 줄임말이 선이다. 고요한 생각靜慮(정려)을 통해, 내면으로 깊숙이 몰입沈潛(침잠)하는 것을 말한다. 무아無我와 적정寂靜의 경지에 드는 수행의 한 방법이다.

다른 하나는 불교에 관한 역사적 호칭이다. 중국 대륙에서 5세기에 발전하기 시작한 대승불교를 선종禪宗, 선불교禪佛教라 칭한다. 선이 그 줄임말로 쓰일 때가 있다. 마지막으로 우리나라를 중심으로 선불교의 주축이 된 간화선看話禪을 줄여 선으로 쓴다.

○ 공안

뛰어난 선 수행자가 깨닫게 된 사연이나 언행을 가리킨다. 누구든 그것을 따라 수행하면 성불할 수 있는 방안이란 뜻을 갖는다. 선불교에서는 1,700개의 공안을 얘기하는데 '1,700'이란 숫자는 붓다 이후 법계를 밝힌《경덕전등록》을 근거로 한다.

○ 화두

선 수행의 정통으로 간화선看話禪을 얘기한다. 이때 '화話'가 바로 화두다. 공안을 상징적으로 요약하는 한 개의 문장을 특정해 가리키기도 하지만, '공안' 자체와 동의어로도 쓰인다. 어느 쪽으로 보든 무방하다. 생각이나 말로 표현할 수 없는 진리 자체를 드러내 보이는 것을 목적으로 한다. 간화선 수행자들은 스승에게서 화두를 받아 참구한다. 대표적인 화두로 '개에게는 불성이 없다狗子無佛性', '뜰 앞의 잣나무庭前栢樹子', '이 뭣고?是甚麼', '삼서근麻三斤' 등이 있다.

○ 간화선

화두를 참구해 깨달음을 얻는 선의 한 방식이다. 큰 깨달음은 큰 의문을 통해 나온다는 게 간화선의 종지다. 이때 큰 의문을 유발하는 장치가 바로 화두, 즉 공안이다. 간화선은 남송 초기, 임제종의 대혜 종고에 의해 공식화되었다. 조동종 계열의 묵조선照禪과 역사적으로 경쟁 관계에 있었다.

○ 묵조선

침묵의 좌선을 통해 마음의 작용을 일으킬 수 있다는 선풍이다. 갑작스러운 대오大惡를 얘기하지 않는다. 내재하는 청정 자성自性에 절대적으로 의지하는 선이다. 그러나 간화선의 대표주자 대혜 종고는 묵조선을 사선邪禪이라 공격했다.

○ 법거량

　화두를 깨쳐 깨달음에 이르는 게 선이다. 그런데 화두를 깨쳤는지 안 깨쳤는지 누가 검증하는가. 시험을 봐 일률적으로 합격·불합격을 판단하지 못한다. 불립문자, 말을 통하지 않고 전수하는 게 선의 깨달음이다. 누군가 깨쳤다고 거짓으로 우겨도 검증할 방법이 없다. 그러니 스승은 제자와 제자와의 일문일답을 통해, 그 제자가 진짜 깨우쳤는지 탐색하게 된다. 그 일대일의 긴장된 대화가 바로 법거량이다.

○ 격외담

　선의 공안들은 이치와 논리를 벗어나게 마련이다. 그 대화의 방식에 대한 별칭이다.

○ ○ ○
출전

본문에 등장하는 선문답들의 출처를 일일이 밝히는 것은 의미 없는 일이다. 선가禪家에는 공안집公案集으로 분류되는 책이 여럿이다. 공인된 선문답과 화두가 공안이니, 공안집은 선문답 모음이기도 하다. 그런데 하나의 선문답은 여러 개의 공안집에 반복적으로 모습을 드러낸다. 한 군데에만 등장하는 경우는 거의 없다. 내용의 차이는 무시할 만한 수준이다. 해설만 편집자에 따라 다르다. 노래로 치면 편곡에 해당한다. 한 주제를 선율·화성을 바꿔가며 연주하는 변주로 보면 되겠다.

에피소드 각각의 출전을 밝히는 대신, 선가의 대표적 공안집을 추려 소개한다.

《경덕전등록》

첫 번째 소개해야 할 책은 아무래도 《경덕전등록景德傳燈錄》이다. 보통 '1,700개의 공안'을 얘기하는데, '1,700'이란 숫자가 바로 전등록에 근거를 두고 있기 때문이다.

'전등'은 법의 전승을 말한다. 석가에서 달마까지 인도 불교의 계보와 달마 이후 중국 불교의 계보를 통틀어 밝히고 있다. 그러니까 선종 인물사史의 집대성이라 할만하다. 그들의 행적과 문답, 어록, 스승·제자의 인연이 총망라된다. 52대에 걸친 1,701명의 전승담傳承談이다. 그래서 '1,700 공안'이다.

'경덕'은 시기를 나타낸다. 송나라가 1004~1007년 사이 쓰던 연호다. 그러나 단순히 시기만을 나타내지는 않는다.

선불교는 당唐 초기인 7세기, 혜능이란 천재를 통해 중국에서 탄생했다. 이후 200~300년이 선의 황금시대다. 1,700개의 공안은 그 불꽃같은 시기에 만들어지거나 정리된 것들이다. 그런데 당을 이어 선의 불꽃을 이어가던 송은 거란·여진 등 북방민족들에 의해 나라의 존립을 위협받는다.《전등록》의 집대성은 역사적으로 궁지에 몰려 있던 중국의 정신적 집결이기도 했다.

그런데 1,700개는 너무 많다. 공부의 교본으로 삼기에는 방대한 숫자다. 선사들은 전등록의 내용을 포함해 전해 내려오는 공안들을 선별하기 시작했다. 대표 공안의 숫자를 100개로 맞추려는 노력이 여러 차례 이어졌다.

《벽암록》

그 최종적 결집이《벽암록碧巖錄》이다. 종문제일서宗門第一書, 그러니까 선문禪門 최고의 서책으로 보물 대우를 받는 책이다. 선가의 대표적 공안 100개를 뽑고, 그 앞뒤로 시·산문 형식의 해설을 싣고 있다. 선별된 공안, 파격적이고도 심오한 통찰을 뽑는 해설들……. 책을 보면 누구나 '명불허전名不虛傳'을 읊조리게 된다. 종문제일서란 별칭이 과하지 않다.

한 사람의 작품이 아니다. 운문종 계열의 선사 설두 중현 (980~1052)이 《경덕전등록》을 중심으로 100개의 공안을 뽑았다. 그리고 운문 형식의 송頌을 달았다. 그래서 이름이 《송고백칙頌古百則》이다.

후에 임제종 계통의 원오 극근(1063~1135)이 《송고백칙》을 기본으로, 각 칙마다 짧은 서문, 산문의 해설들을 보강한 것이 《벽암록》이다. 달마와 양 무제의 에피소드를 1칙으로, 깊이를 짐작하기 어려운 선사들의 문답들이 종횡무진으로 펼쳐진다.

그런데 그 운명이 참 기구하다. 원오의 제자인 대혜 종고 (1089~1163)가 《벽암록》들을 모아 들이더니 죄다 불사르고 만다. 선을 형해화形骸化한다는 게 소각의 명분이었다. 한마디로, 대가大家가 써놓은 해설을 외워 선에 대해 아는 체 말라는 것이었다. 불립문자의 선을 문자로 해설하는 것 자체가 모순이라는 근본주의적 시각은 어느 때이건 고개를 든다.

그러나 '정신'은 태운다고 사라지지지 않는다. 원元의 시대인 1300년에 다시 간행되어 오늘에 이른다.

《무문관》

권위에 있어 《벽암록》에 미치지 못하지만 수행자들의 꾸준한 사랑을 받는 공안집이 또 하나 있다. 남송 시대의 선사 무문 혜개

(1183~1260)의 《무문관無門關》이다. 공안이 48개로 또 줄었다. "개에게도 불성이 있습니까?"란 대답에 "무無!"라 대답한 고불古佛 조주趙州의 에피소드를 1칙으로 배치했다. 각 칙의 경우 《벽암록》과 비슷한 해설 체계를 갖추었지만, 좀더 간소하다. 요즘 식으로 말하면 문고판의 느낌이다.

《육조단경》

공안집은 아니지만 《육조단경六祖壇經》을 빼놓을 수 없다. 육조는 혜능慧能(638~713)이다. 달마를 첫 번째 조사라 할 때, 여섯 번째 조사가 혜능이다. 그러나 혜능은 단순한 육조가 아니다. 선불교의 실질적인 창시자에 해당한다. 달마로부터 내려오는 대신, 혜능으로부터 거슬러 올라가야 선의 진정한 역사가 보인다.

혜능은 일자무식의 나무꾼이었다. 지식과 경전에 의지하지 않고도 대륙의 정신적 지배자로 등극했다. 혜능의 육조 옹립은 선의 종지인 불립문자의 역사적 형상화다.

《육조단경》은 혜능의 전기인 동시에 강설집이다. 기독교로 치면 예수의 언행을 기록한 4개의 복음서에 해당하는 위치다. 혜능의 일대기 전체를 제자 하택 신회(670~762)의 구성물로 보는 시각도 있다. 말하자면 '역사적 예수'에 대한 서구의 연구와 유사하게 '역사적 혜능'에 대한 연구가 있을 수 있다는 얘기다. 그러나 혜능의 신화는 실증 여부와 관계없이, 이미 그 자체로 역사적 사실이 되고 말았다.

    이밖에도 걸출한 조사祖師들의 선어록들이 공안집 구실을 한다. 본문의 에피소드도《전등록》등 주요 공안집 외에 조사들의 어록을 전거로 삼는다.《임제록臨濟錄》,《조주록趙州錄》,《전심법요傳心法要》등이 유명하다.

흔들리는 마흔,
붙잡아주는 화두